Horst Schubert

# Weihnachtliches BASTELN mit Schere und Papier

Anleitungen ◆ Vorlagebogen

Bechtermünz Verlag

# Inhalt







Fotografie: S. 2/3, 17, 18, 30, 34, 37 Mitte, 40 links, 41 rechts, 42, 57, 61 von Klaus Lipa, Augsburg. Alle anderen Aufnahmen vom Verfasser
Lektorat: Günter Wiegand, Wiesbaden
Umschlaggestaltung: Susanne Niemetz, Augsburg
Layout: Bernd Walser, München

Bechtermünz Verlag Augsburg 1998


Satz: Bernd Walser Buchproduktion, München
Reproduktion: Colorline, Verona
Gesamtherstellung: Druckerei Appl, Wemding
Printed in Germany

ISBN 3-8289-2298-8

# *Vorwort*

Kreative Fähigkeiten und handwerkliche Fertigkeiten zu wecken, zu fördern und zu erhalten scheint in der heutigen Zeit, wo Elektronikspiele und Computer bereits die Kinderzimmer beherrschen, ein wichtiges Ziel. Gerade der einfache Werkstoff Papier bietet eine Fülle von Möglichkeiten, diesem Ziel zu dienen. Mit den hier vorgestellten Arbeitstechniken läßt sich aus einem langweiligen Papierbogen in kurzer Zeit ein interessantes Objekt gestalten. Das geht bis zur Erarbeitung komplizierter Papierplastiken und Reliefs. Und plötzlich zeigt weißes Papier eine ganze Fülle von Übergängen vom leuchtenden Weiß bis zum dunklen Grau. An Falzungen und Bruchkanten treffen helle und dunkle Flächen hart aufeinander. Das Spiel von Licht und Schatten schafft interessante Wirkungen und läßt den Gedanken daran, daß es sich eigentlich „nur" um Papier handelt, vergessen.

Die für dieses Buch ausgewählten Objekte steigern sich im Schwierigkeitsgrad. Anfangs werden Sie einfache Dinge mit geraden Schneid-, Ritz- und Falzlinien herstellen. Die handwerklichen Anforderungen steigern sich, bis zum Schluß regelrechte Papierplastiken entstehen. Bei der Beschreibung der einzelnen Arbeitstechniken werden zunächst alle Arbeitsschritte erläutert. Mit zunehmender Erfahrung werden Sie sicherer werden, so daß ich mich bei den größeren Objekten auf das Erklären der wesentlichen Dinge beschränken kann.

Die Beschäftigung mit dem Werkstoff Papier erfordert sauberes, exaktes Arbeiten sowie einen gefühlvollen und behutsamen Umgang mit dem Material. Wenn Sie dies beachten, wird es Ihnen zweifellos gelingen, vorzeigbare Ergebnisse zu erzielen. Die Mühe lohnt sich, und Sie werden feststellen, daß Objekte wie der erzgebirgische Schwibbogen und die Krippe, wenn sie gelungen sind, auch eine Selbstbestätigung darstellen.

Sie werden den weißen Bogen Papier als etwas Besonderes kennenlernen, und wenn die Krippe vom flackernden Schein der Kerzen beleuchtet wird, erscheint die Papierplastik ständig in einem anderen Licht – sie scheint förmlich zu leben.

Der Pädagoge Christian Gotthilf Salzmann (1744-1811) hatte schon den Wert der kreativen Gestaltung von Papier erkannt. In seinem 1806 erschienenen „Ameisenbüchlein" schreibt er: „Triffst du eine Person, die die Geschicklichkeit besitzt, durch Biegung des Papiers mancherlei Figuren zu verfertigen, so halte dies nicht für zu gering, suche es zu erlernen." Daß auch Sie sich an dieser Beschäftigung mit dem Werkstoff Papier erfreuen können und Spaß bei der Arbeit haben, das wünsche Ich Ihnen sehr.

Ihr
Horst Schubert

# Werkzeug und Material

## Werkzeug

Eine gelungene Arbeit setzt gutes Werkzeug voraus. Die meisten Dinge, die Sie zum Basteln mit Papier benötigen, werden Sie im Hause haben. Dazu gehören gut gespitzte Bleistifte in unterschiedlichen Härtegraden, ein Lineal mit einwandfreier Kante, am besten mit Metallkante und rutschfester Unterseite. Außerdem benötigen Sie einen Winkel, einen Zirkel, ein bis zwei Scheren und eine Pinzette. Ein Kurvenlineal kann Ihnen gute Dienste leisten, wenn Sie gebogene Linien schneiden oder ritzen müssen. Das wichtigste Werkzeug ist ein Bastelmesser (Cutter) mit abbrechbaren Klingen. Bei der Anschaffung eines solchen Messers sollten Sie Wert auf ein gutes Markenerzeugnis legen. Es ist wichtig, daß die Klingenhalterung sicher einrastet oder mit einer Rändelschraube festgestellt werden kann. Billige Bastelmesser, bei denen die Klinge in einer Kunststoffhalterung sitzt, sind im Vorderteil oft zu dick und verdecken dadurch die Sicht auf die Klingenspitze. Außerdem läßt die Klingenführung bei solchen Messern meist zu wünschen übrig, und mit einer wackligen Klinge läßt sich nicht exakt arbeiten.

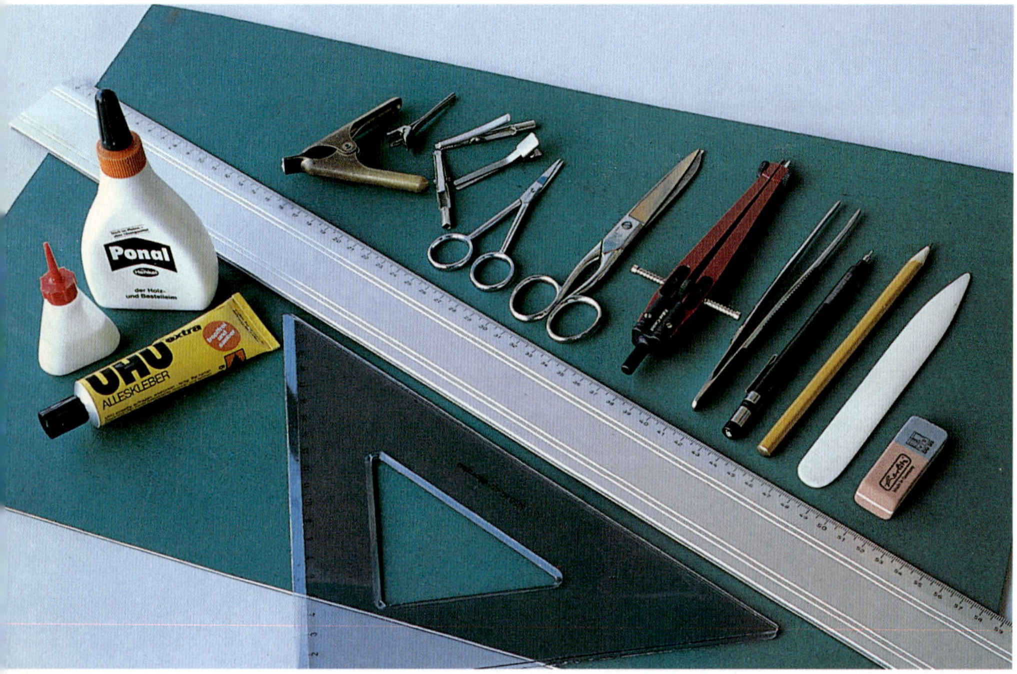


Weitere Hilfsmittel sind Klammern oder Klemmen in verschiedenen Größen, ein Radiergummi, ein Falzbein (Werkzeug aus Knochen, das wie eine Messerklinge gestaltet ist; erhältlich in Geschäften für Grafikerbedarf). Unabdingbar für das Basteln mit Papier ist eine Schneidunterlage. Ideal ist eine Schneidmatte aus Kunststoff mit einer harten Mittellage. Die Schneidmatte kann beidseitig benutzt werden, die Mittellage verhindert, daß die Klinge die Matte durchschneidet. An Stelle der Schneidmatte können Sie auch eine starke Pappe verwenden. Sie läßt jedoch die Messerklinge schnell stumpf werden, und die Oberfläche wird durch das Messer mit der Zeit zerschnitten. Bei einer Unterlage aus Pappe besteht außerdem die Gefahr, daß einmal eingeritzte Schnittlinien die Klinge aus der beabsichtigten Richtung ablenken können, so daß eine Arbeit schnell zerstört ist.

## Material

Als Material für Ihre Arbeiten sollten Sie sich Papier in drei Stärken beschaffen. Im Handel werden Papiere nach ihrem Flächengewicht unterschieden, ausgedrückt in $g/m^2$. Für kleinere Figuren oder Details benötigen Sie papierstarkes Material (100-120 $g/m^2$). Für größere Figuren (kleine Aufsteller oder Karten) brauchen Sie eine mittlere Kartonstärke (180-250 $g/m^2$). Konstruktive Teile von Pyramiden, Transparenten und anderen Objekten werden aus starkem Karton (500-600 $g/m^2$) hergestellt. Wichtig ist, daß das Material eine gewisse Steifigkeit besitzt, sich aber gleichzeitig in alle

Richtungen gut biegen läßt. Es darf beim Biegen nicht brechen. Bei Objekten, die aus unterschiedlichen Papierstärken hergestellt werden, sollten Sie beim Einkauf auf einen einheitlichen Weißgrad achten. Die Grammaturen können nur Anhaltspunkte sein, da unterschiedliche Papiere trotz gleicher Grammatur oft andere Verarbeitungseigenschaften aufweisen.
Da die Palette der geeigneten Papiersorten sehr groß ist, gebe ich hier keine Empfehlung für ein besonderes Papier. Für den Anfang, wo Sie sicher zunächst einmal den einen oder anderen Bogen „für den Papierkorb" verbrauchen, ist einfacher Zeichenkarton ausreichend. Wenn Sie schon einige Übung haben im Verarbeiten des Papiers, sollten Sie sich im Fachgeschäft nach besseren Papiersorten umsehen. Für die Herstellung farbiger Objekte empfehle ich Tonkarton (durchgefärbter Karton oder Chromolux-Glanzkarton). Manche Objekte können durch ein strukturiertes Material, z. B. Papier mit Leinenprägung oder gehämmertes Papier, einen besonderen Reiz erhalten. Auch eine gebrauchte Verpackung oder einfaches Packpapier kann Ausgangsmaterial für ein interessantes Objekt sein.
Neben Papier und Karton benötigen Sie Klebstoff. Mehr dazu finden Sie weiter unten im Abschnitt „Kleben" (siehe Seite 10).
Bei vielen Modellen ist es wichtig, die Laufrichtung des Papiers zu beachten. Papier und erst recht Karton biegt sich nicht in jeder Richtung gleich gut. Das hängt mit der Richtung zusammen, mit der es bei der Herstellung durch die Papiermaschine läuft. Quer zur Laufrichtung biegt es sich leichter, weil sich die Papierfasern längs zur Laufrichtung ausrichten. Sie können die Laufrichtung Ihres Papiers feststellen, indem Sie ein quadratisches Probestück ausschneiden und es in beide Richtungen biegen.
Dabei werden Sie feststellen, in welcher Richtung sich das Papier leichter biegen läßt. Auf dem Foto ist die Laufrichtung durch einen Doppelpfeil gekennzeichnet. Die gleiche Signatur finden Sie in den Zeichnungen bei den jeweiligen Objekten, wo die Laufrichtung von Bedeutung ist.

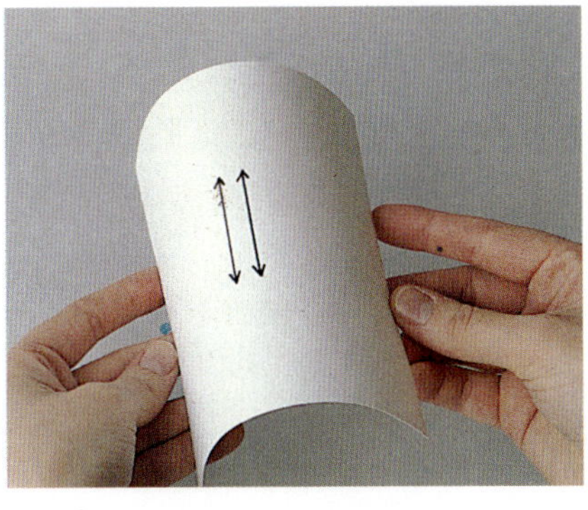

# Aufzeichnen

Als ersten Arbeitsschritt übertragen Sie die Vorlagenzeichnung auf Ihren Papierbogen. Alle Teile der Vorlagen sind in Originalgröße und von der Rückseite her abgebildet. Zum Schneiden und Ritzen finden Sie in den Vorlagen – neben den Hilfslinien für Kleberänder und Konterlinien – drei verschiedene Linienarten:

- Durchgezogene Linien sind Schnittlinien.
- Punktierte Linien – für die Falzung nach vorn – sind von hinten zu ritzen; sie sind bei den meisten fertigen Arbeiten nicht zu sehen.
- Gestrichelte Linien – für die Falzung nach hinten – sind von vorn zu ritzen. Sie müssen auf die Vorderseite Ihres Papierbogens übertragen werden. Damit diese Linien später bei der fertigen Arbeit nicht zu sehen sind, verwenden Sie zum Übertragen einen sehr spitzen Bleistift, oder Sie radieren die Linien nach dem Ritzen wieder weg.

Zum Übertragen der Linien können Sie die Vorlage auf Ihren Papierbogen fotokopieren. Das geht allerdings nur bis zu einer gewissen Papierstärke und bis zu Papierformaten von höchstens DIN-A3 (297 x 420 mm). Da sich nach dem Fotokopieren alle Linien auf der Rückseite Ihres Papierbogens befinden, müssen Sie die gestrichelten Linien, die von vorn zu ritzen sind, auf die Vorderseite übertragen. Da-

zu können Sie den Papierbogen z. B. gegen eine Fensterscheibe halten, um die Ritzlinien auf der Vorderseite dünn nachzuzeichnen.
Eine andere Methode, Ihre Vorlage auf den Papierbogen zu übertragen: Pausen Sie die Zeichnung mit Hilfe von Graphitpapier durch, das Sie in gut sortierten Bastelgeschäften erhalten. Mit Graphitpapier durchgezeichnete Linien können, anders als bei dem üblichen Kohle- oder Durchschreibpapier, mit dem Radiergummi wieder entfernt werden. Damit alle Linien an die richtige Stelle kommen, ist es sinnvoll, die Vorlage auf dem Papierbogen mit Klebestreifen zu fixieren. Zum Durchpausen der durchgezogenen und der punktierten Linien legen Sie das Graphitpapier mit der beschichteten Seite nach unten zwischen Vorlage und Papierbogen. Die von vorn zu ritzenden gestrichelten Linien übertragen Sie, indem Sie das Graphitpapier mit der Graphitseite nach oben unter Ihren Papierbogen legen. Beim Übertragen sollten Sie beachten: Je sauberer und exakter Sie arbeiten, desto genauer können Sie Ihr Objekt gestalten.
Eine dritte Methode ist die, daß Sie die Vorlagenzeichnung auf Karton kopieren oder pausen und sich daraus Schablonen für alle Schneid- und Ritzlinien schneiden. Sicher die sauberste Lösung!

## Ausschneiden

Wichtigste Voraussetzung für ein exaktes Arbeitsergebnis ist ein gutes und scharfes Werkzeug. In vielen Fällen genügt zum Ausschneiden eine Schere. Ich empfehle jedoch ein Bastelmesser (Cutter) mit abbrechbaren Klingen. Die Handhabung dieses scharfen Werkzeugs erfordert besondere Vorsicht. Kinder sollten deshalb beim Ausschneiden und Ritzen nur im Beisein von Erwachsenen arbeiten oder sich von Erwachsenen helfen lassen.
Einige Hinweise zur Verwendung des Bastelmessers: Schieben Sie die Klinge nur soweit heraus, wie es erforderlich ist, und achten Sie darauf, daß die Halterung einrastet oder daß die Klinge mit der Rändelschraube festgestellt wird. Zur Sicherheit können Sie die Klinge bis auf eine kleine Spitze mit einem Streifen Klebeband abkleben.
Oberstes Gebot beim Umgang mit dem Messer: Die Hand, die das Material hält, muß sich stets hinter der Klinge befinden!

Zum Schneiden gerader Linien verwenden Sie ein Lineal, das möglichst eine rutschfeste Unterseite hat. Damit Sie sich gegen ein Abrutschen des Messers schützen, können Sie auf der Oberseite des Lineals einen Aluwinkel mit Doppelklebeband befestigen. Die Hand, die das Lineal hält, wird durch den Winkel geschützt. Schneiden Sie nur auf der Schneidmatte oder einer starken Pappe. Während gerade Linien mit dem Lineal einfach zu schneiden sind, ist das Schneiden und Ritzen kreisförmiger oder geschwungener Linien schwieriger. Fassen Sie das Messer lang, um die Klinge so flach wie möglich, in sehr spitzem Winkel, zu ziehen.
Das, was für das Ausschneiden gesagt wurde, gilt auch für das Ritzen Ihres Papiers. Voraussetzung ist eine scharfe Spitze an Ihrem Mes-

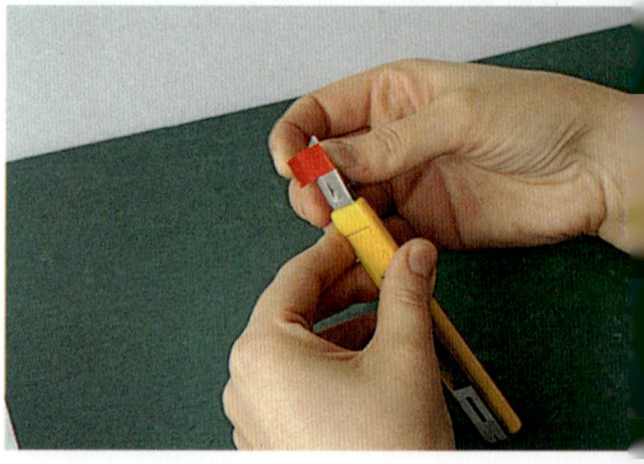

ser. Beim Ritzen muß noch sorgfältiger gearbeitet werden, denn jede Abweichung von der vorgegebenen Linie macht den Bogen unbrauchbar. Es ist nicht möglich, Abweichungen zu korrigieren oder das Papier nochmals genauer zu ritzen. Die Ritzlinien werden etwa bis zur Hälfte oder zwei Drittel der Materialstärke eingeschnitten. Sie werden bald ein Gefühl dafür entwikkeln, wie fest Sie Ihre Klingenspitze eindrücken müssen, um die richtige Ritztiefe zu erreichen. Bei leichten Abweichungen von der vorgegebenen Linie versuchen Sie allmählich wieder auf die vorgegebene Linie zu kommen. Ändern Sie niemals abrupt die Richtung, weil das beim Falzen unweigerlich zu einem Knick in der Linie führen würde. Wie bei allen Arbeitsgängen sollten Sie besonders beim Ritzen sehr kritisch gegenüber Ihrer eigenen Arbeit sein und bei Ausrutschern lieber nochmals von vorne anfangen. Den verunglückten Bogen sehen Sie dann lieber als Übungsstück an. Sie werden mit der Zeit merken, daß diese Arbeiten mit Papier ein sehr hohes Maß an Genauigkeit verlangen, um im Ergebnis die ästhetische Wirkung einer Papierplastik mit ihren feinen Übergängen von Licht und Schatten zu erzielen. Das einwandfreie Ritzen, ohne das Papier oder den Karton durchzuschneiden, erfordert Übung, zumal Sie für die jeweilige Materialstärke das richtige Gefühl haben müssen. Üben Sie immer wieder an Papier- und Kartonresten diese Technik.

## Falzen

Durch das Falzen werden die geritzten Zuschnitte in eine plastische Form gebracht. Wenn Ihre Ritzlinien richtig gesetzt wurden, wird Ihnen das keine Schwierigkeiten bereiten.

Bei Teilen, die bogenförmig, kegelförmig oder zylindrisch gestaltet sind, ist es zweckmäßig, ihnen vor dem Falzen eine Vorspannung zu geben. Dazu können Sie das ausgeschnittene und geritzte Teil in der Richtung der Wölbung – das ist in den meisten Fällen quer zur Laufrichtung – über eine Tischkante, ein Lineal oder die Kante einer Schere ziehen. Dadurch springt das Teil beim Falzen fast von selbst in die richtige Form.

Bei der Formgebung, also beim Knicken der Falzlinien, sollten Sie zumindest bei größeren Teilen

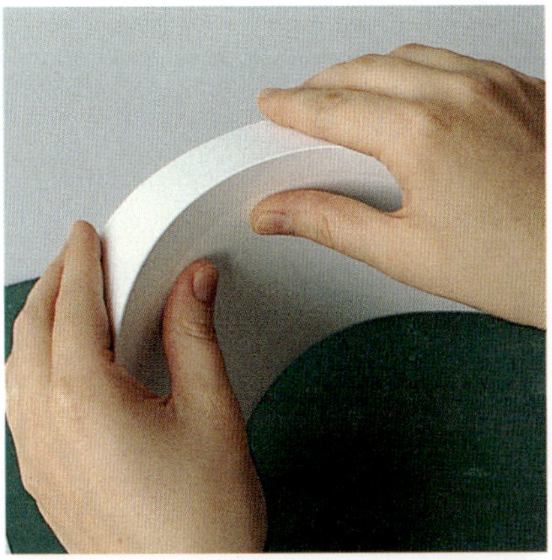

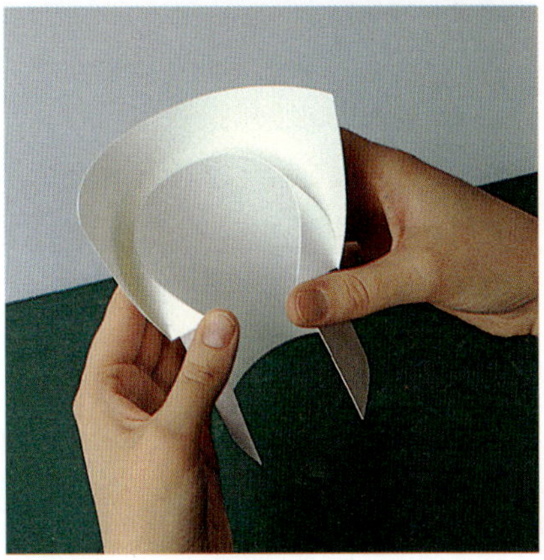

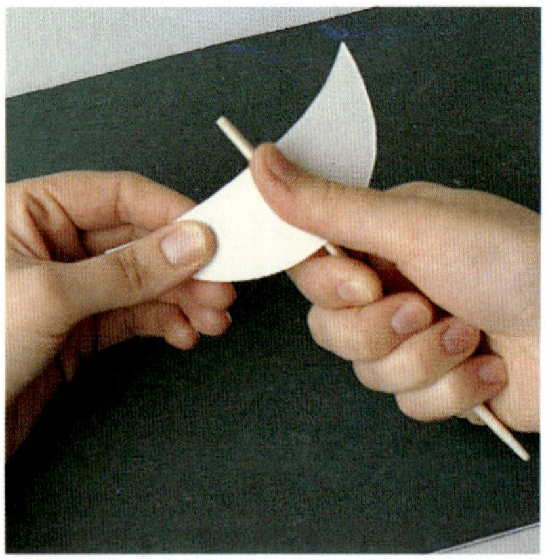

*So zieht man zu wölbende Teile über einen kantigen Gegenstand, um ihnen eine Vorspannung zu verleihen.*



oder längeren Falzen mit den gespreizten Fingern beider Hände arbeiten, so daß Sie Ihren Druck möglichst breit auf das Papier verteilen. Bogenförmige Falze werden unter gleichzeitigem Biegen des Materials und leichtem Druck mit den Fingerspitzen geformt.

## Kleben

Die einzelnen Teile der Klebearbeiten werden nur selten durch Klebelaschen miteinander verbunden. Bei gebogenen Verklebungen würden Klebelaschen vieleckige Verbindungen schaffen und die Rundungen stören. Daher werden viele Einzelteile Kante auf Kante zusammengeklebt. Als Klebstoff eignet sich dazu vor allem ein Kraftkleber oder Kontaktkleber, der die oftmals erheblichen Materialspannungen aufnehmen kann. Ebenfalls geeignet sind lösungsmittelfreie Klebstoffe wie Ponal oder andere Bastelleime. Die Festigkeit solcher Klebeverbindungen ist ebenso gut wie die von Kontaktklebern, nur dauert der Abbindeprozeß länger. Sie müssen daher die Klebestelle mit Klammern fixieren, mit Gewichten beschweren oder aber, wenn es die Form des Teiles nicht anders zuläßt, die Klebestellen entsprechend lange mit den Fingern zusammendrücken. Probleme können auftreten, wenn Sie zuviel Leim verwenden, da Leim wasserhaltig ist. Das Papier kann dadurch quellen und sich verziehen. Deshalb gilt der Grundsatz: So viel Leim wie nötig, so wenig wie möglich. Außerdem ist die Klebekraft eines sparsam aufgetragenen Klebefilms oftmals höher als zu dicke Klebestellen. Ich empfehle daher, keinen Pinsel zum Auftragen des Leims zu verwenden, sondern statt dessen ein Fläschchen aus Kunststoff mit einer möglichst langen, spitzen Düse, in die Sie eine nadelgroße Öffnung stechen. Damit sind Sie in der Lage, den Kleber sehr fein zu dosieren. Bei Verklebungen Kante auf Fläche tragen Sie den Klebstoff auf der Kante auf, indem Sie ihn immer von der nicht sichtbaren Seite her zur sichtbaren hin abstreifen. Beim Zusammenkleben Kante auf Kante sollten Sie beide aneinanderstoßenden Kanten dünn mit Klebstoff versehen und den Kleber vor dem Zusammendrücken einige Minuten trocknen lassen. Ein Beispiel für einen solchen Klebeprozeß ist auf den Fotos zu sehen, wo ein Vogelkörper zusammengeklebt wird.
Verbindungen, bei denen Fläche auf Fläche geklebt wird, z. B. bei

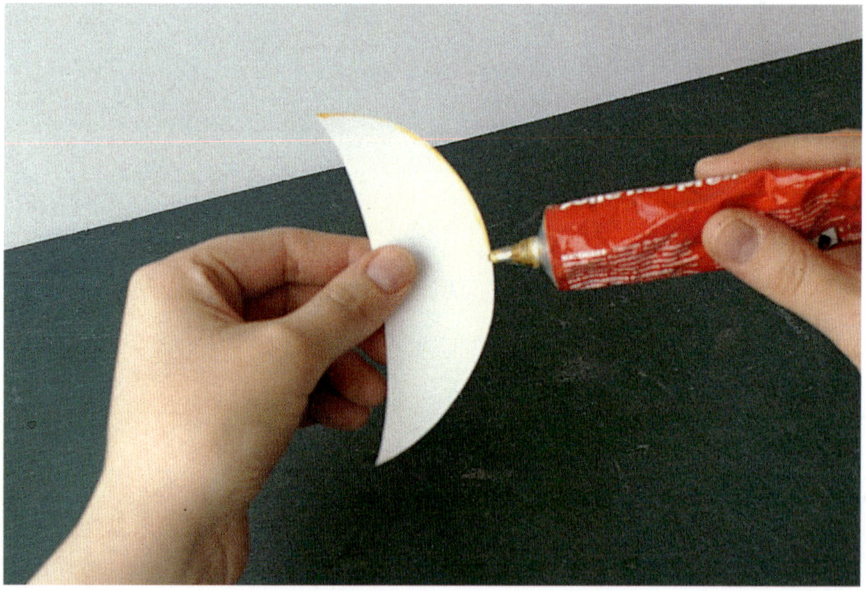

Überlappungen, Klebefalzen oder flächigen Verbindungen von zwei Teilen, tragen Sie den Klebstoff punktförmig auf oder als gerade oder wellenförmige Raupe. Sie müssen beim Kleben von Papier sehr sauber arbeiten, denn es ist kaum möglich, Klebstoff- oder Leimflecke später zu beseitigen. Auf gar keinen Fall lassen sich Leimflecke mit einem feuchten Tuch entfernen. Das Papier wird dabei feucht, und meistens bleiben matte Stellen auf der Oberfläche zurück.

Wenn alle Teile verklebt sind, stellen Sie das fertige Werk auf, um zu beobachten, wie es sich bei unterschiedlichem Lichteinfall verändert. Sie werden feststellen, daß sich je nach Lichteinfall sehr verschiedene Wirkungen ergeben. Wenn Sie Ihre Arbeit verschenken wollen, werden Sie Menschen, die Sinn für leise Töne haben, sicher eine große Freude bereiten.

Viele der in diesem Buch gezeigten Arbeiten fordern weißes Papier als Arbeitsmaterial, weil es viel stärker als farbiges Papier alle Nuancen von hell bis dunkel in sanften Übergängen wie auch in harten Gegensätzen wiedergibt. Natürlich haben aber auch die zum Teil kräftigen Farben des Tonkartons ihre Berechtigung, gerade in der Winterzeit und an Weihnachten. Dazu nochmals mein Rat: Wenn Sie sich für Farbe entscheiden, verwenden Sie Tonkarton. Verzichten Sie vor allem darauf, weißes Papier mit Wasserfarben einzufärben. Es verzieht sich, und Sie haben keinen glatten Papierbogen mehr.

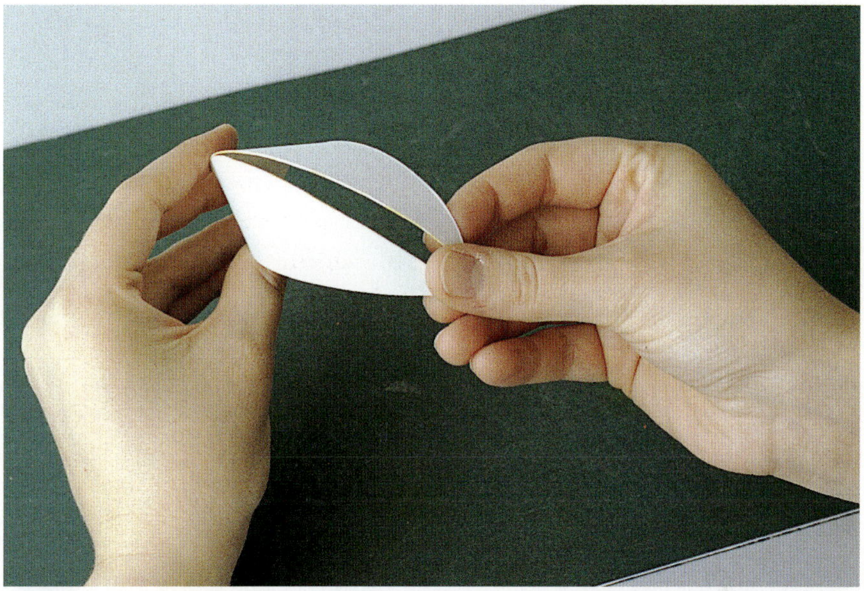

*Auf diesen Fotos ist eine typische Kante-auf-Kante-Klebung dargestellt.*
*Dabei dürfen die beiden mit Leim bestrichenen Kanten wirklich nur zusammenstoßen.*
*Nicht quetschen!*

# Tanne mit Herz

12

Stellen Sie zuerst die Laufrichtung Ihres Bastelkartons fest. Dann übertragen Sie die Vorlage auf Ihren Karton. Schneiden Sie alle Schnittlinien sauber aus. Vorsicht ist geboten beim Ausschneiden der Ecken. Hier müssen Sie sehr sauber arbeiten.
Geritzt werden nur jeweils zwei kurze Abschnitte von vorn und von hinten. Da es sich nur um sehr kurze Knicke handelt, ritzen Sie Ihren Karton nur ganz leicht ein.

**_MATERIAL_**

**_Starker Karton für die Tanne._**

**_Roter Chromolux-Karton für das Herz._**

Für das Herz verwenden Sie einen Rest roten Glanzkartons, vielleicht auch einen Rest Verpackungspapier. Wenn Sie das Herz ausgeschnitten und die Falzlinie eingeritzt haben, ziehen Sie beide Hälften leicht über eine scharfe Kante, z. B. einen Scherenrücken, so daß das Herz ein plastisches Aussehen erhält. Mit der Falzlinie kleben Sie es schließlich auf die Tanne.



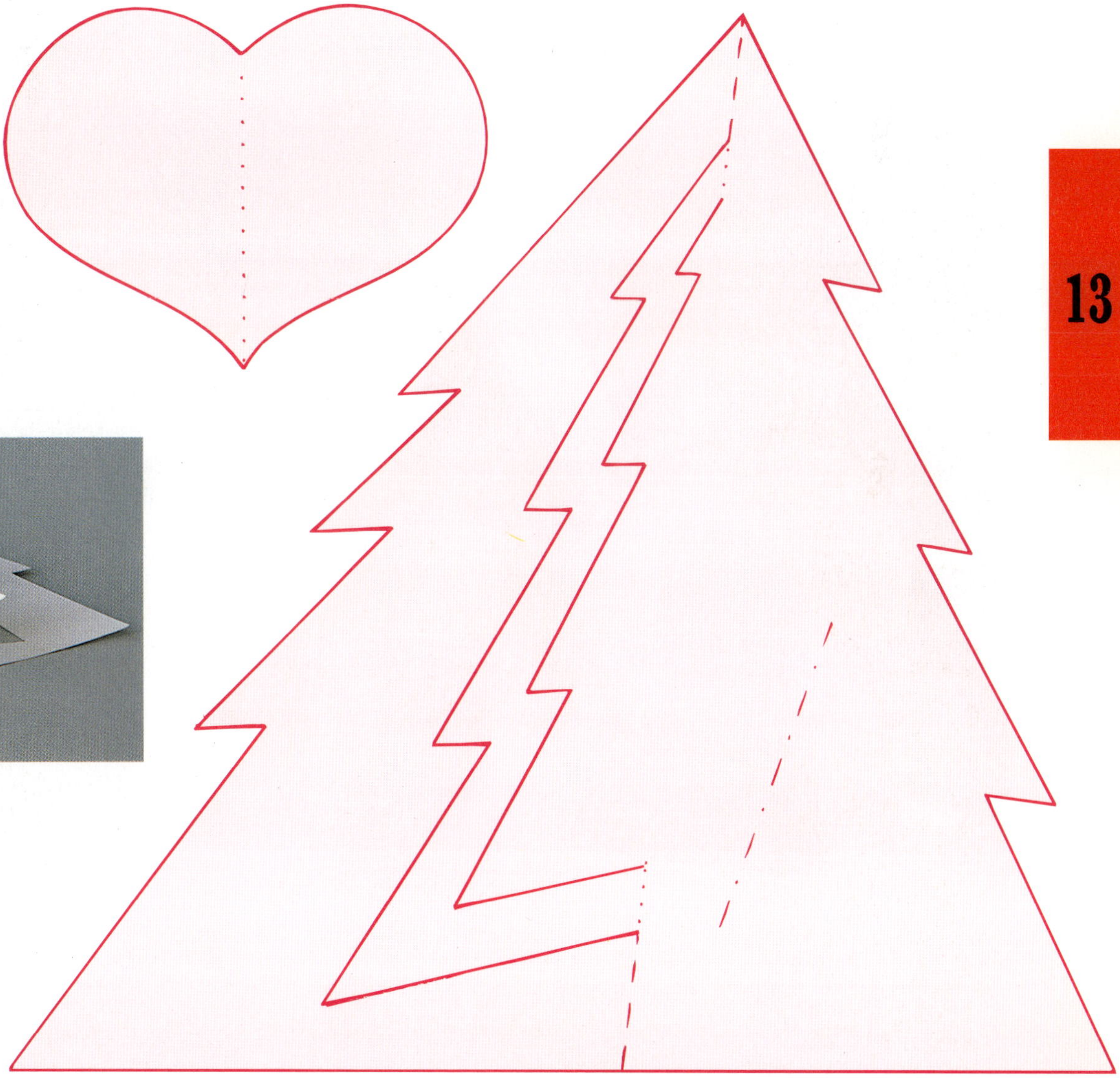

# Geschenkverpackungen

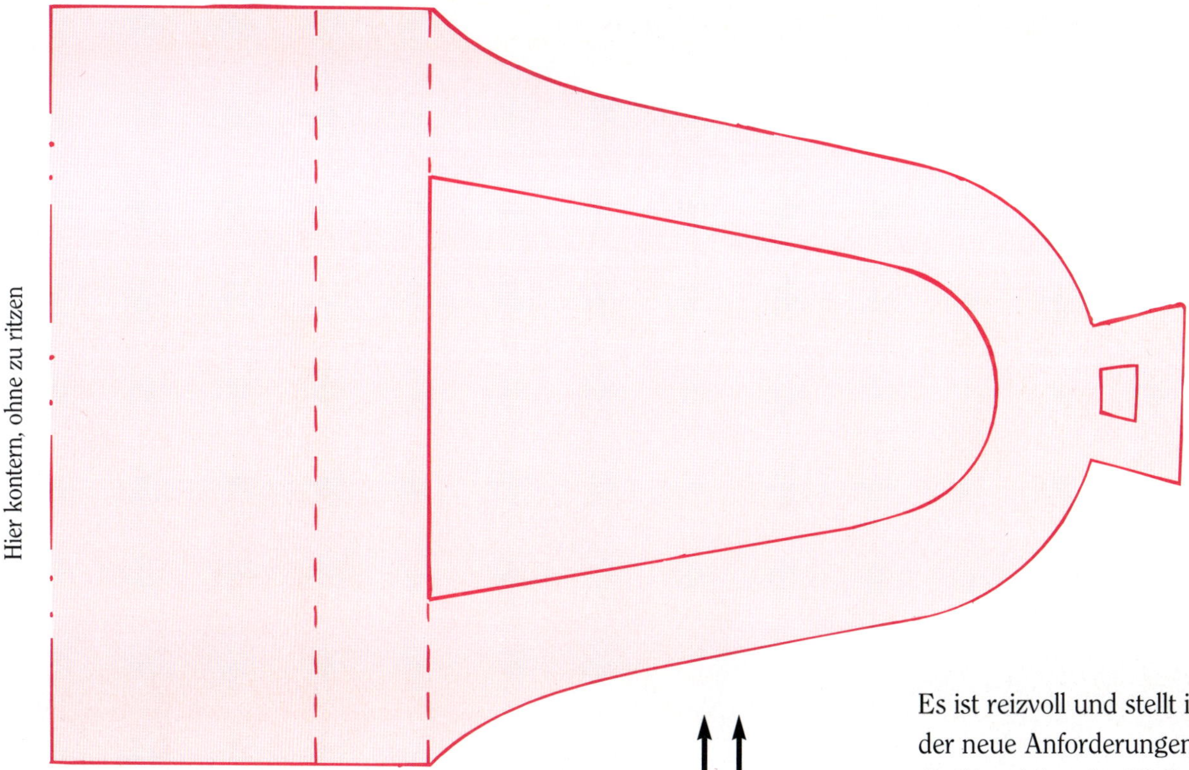


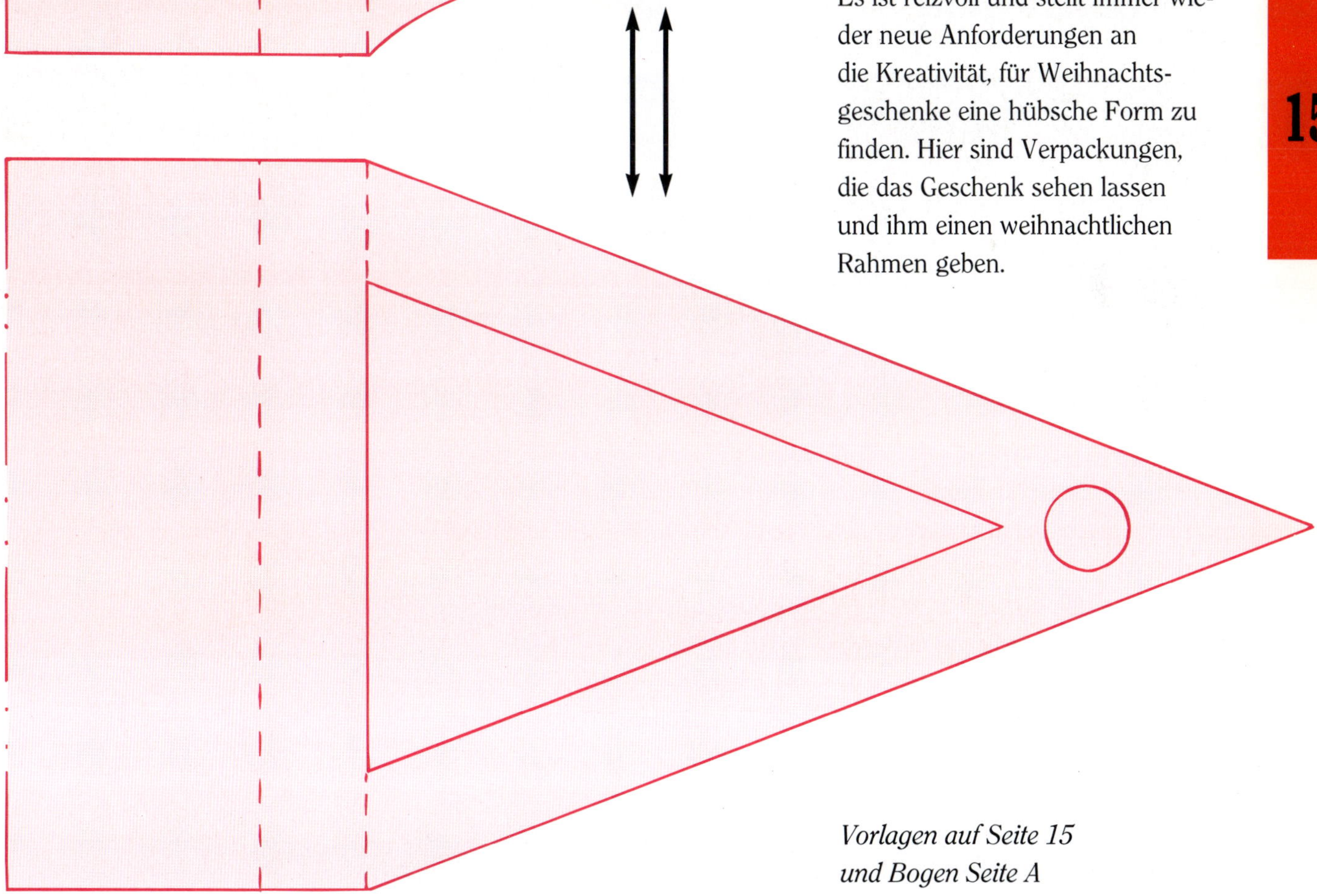

Es ist reizvoll und stellt immer wieder neue Anforderungen an die Kreativität, für Weihnachtsgeschenke eine hübsche Form zu finden. Hier sind Verpackungen, die das Geschenk sehen lassen und ihm einen weihnachtlichen Rahmen geben.

*Vorlagen auf Seite 15*
*und Bogen Seite A*

**MATERIAL**
**Starker Tonkarton in verschiedenen Farben**

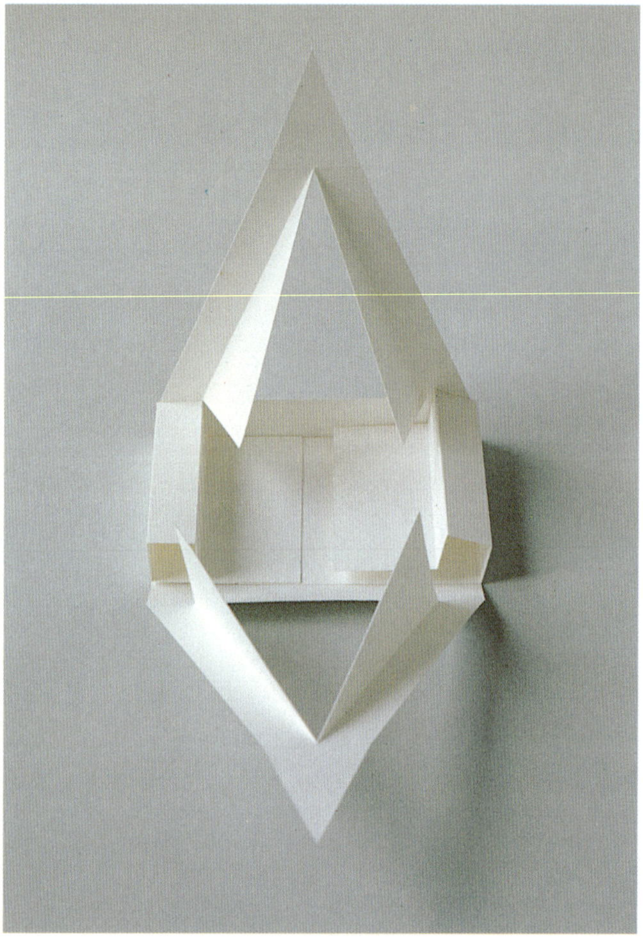



Übertragen Sie zunächst die Vorlagenzeichnung auf Ihren Karton. Der Größe Ihres Geschenks entsprechend kann die Vorlage vergrößert oder verkleinert werden. Verwenden Sie dazu entweder einen Fotokopierer, oder erstellen Sie eine neue Vorlagenzeichnung in entsprechender Größe. Außerdem ist zu berücksichtigen, daß die Vorlage gekontert wird, Ihr Bogen also die doppelte Größe der gezeichneten Vorlage haben muß. Beim Ausschneiden können Sie die geraden Linien entlang der Kante eines Lineals schneiden. Anschließend werden die Falzlinien geritzt. Durch die Verstärkung des Bodens und die Falzungen an der Seite der Bodeneinlage sind diese Geschenkverpackungen sehr stabil. Oben werden Vor- und Rückseite mit einem Geschenkband und einer Schleife zusammengebunden.

# Weihnachtsklappkarte

Diese Klappkarte zeigt eine Tanne in einem gotischen Fenster vor einem Sternenhimmel. Die Karte läßt sich gut aufstellen. Vor einem Fenster oder in sicherem Abstand vor einer Kerze werden die Sterne auch strahlen. Nach dem Übertragen der Vorlagen auf Ihre Arbeitsbogen schneiden Sie zuerst den weißen und den schwarzen Tonkarton sauber aus. Nach dem Ritzen werden das schwarze und das weiße Teil am Klebefalz miteinander verbunden. Die beiden kurzen Falzlinien an der Verbindung von Tanne und Fenster werden wegen der Erhaltung der Stabilität nur sehr vorsichtig geritzt.

***MATERIAL***

***Weißer Karton, etwa 200 g/m² (sehr edel wirkt auch gehämmerter Elfenbeinkarton). Schwarzer Tonkarton. Gummiertes grünes Papier.***



Schneiden Sie jetzt das grüne Papier für die Tanne nur grob aus, das Sie, nur mäßig angefeuchtet, auf die Tannenform des weißen Kartons kleben. Dann erst wird die Form an der Kartonkante sauber nachgeschnitten. An der linken Seite der Tannenspitze überragt das grüne Teil ein wenig den Falz und darf an dieser Stelle nicht festgeklebt werden. Diese spitze Ecke wird mit einem Stückchen weißen Karton hinterklebt. Den schwarzen Karton schneiden Sie an den markierten Stellen kreuzweise ein und weiten diese Einschnitte mit einem Bleistift auf, damit Sternenlicht durchstrahlen kann.

*Vorlagen auf Bogen Seite A*

# Tischkarte mit Inhalt

Eine kleine Leckerei, ein kleines Geschenk empfangen den kleinen oder großen Gast einer Weihnachtsfeier schon mit seiner Tischkarte. Dies wird ermöglicht durch die originelle Faltung. Übertragen Sie die Zeichnung der Vorlage auf Ihren Arbeitsbogen. Schneiden Sie die Teile aus. Beim Ritzen der Falzlinien müssen Sie darauf achten, nicht zu tief einzuritzen, denn die Falze sollten möglichst fest bleiben und nicht zu beweglich werden. Den Weihnachtsbaum aus grünem Karton kleben Sie mit wenig Kleber auf die weiße Fläche. Die Standfestigkeit Ihrer Tischkarte können Sie verbessern, wenn Sie einen kleinen Kartonwinkel auf der Rückseite festkleben. Zur Beschriftung eignet sich ein Stift für Overhead-Projektionsfolien, z. B. OH-Lux von Faber-Castell.

***MATERIAL***

***Weißer und grüner Chromolux-Karton***

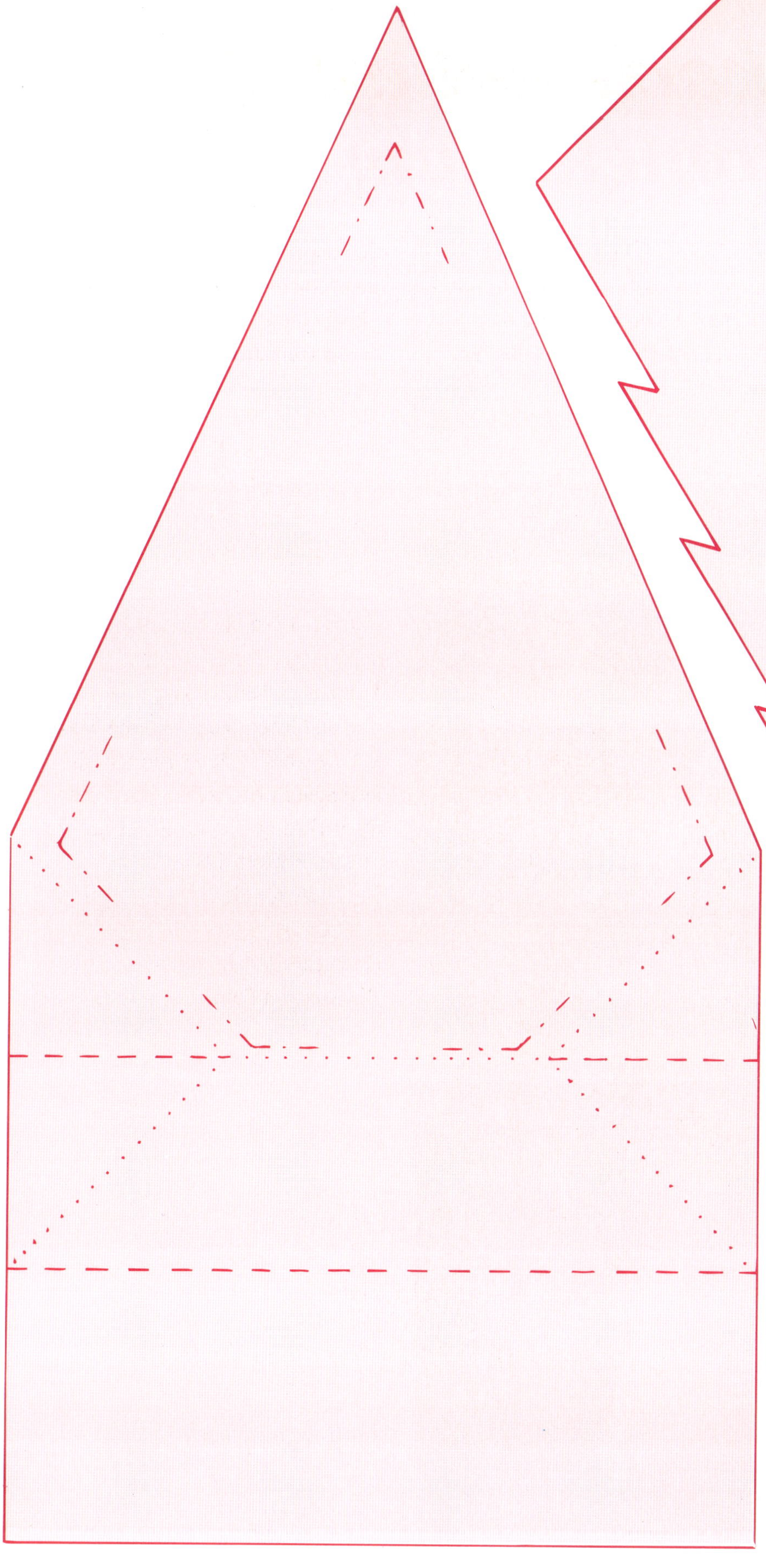

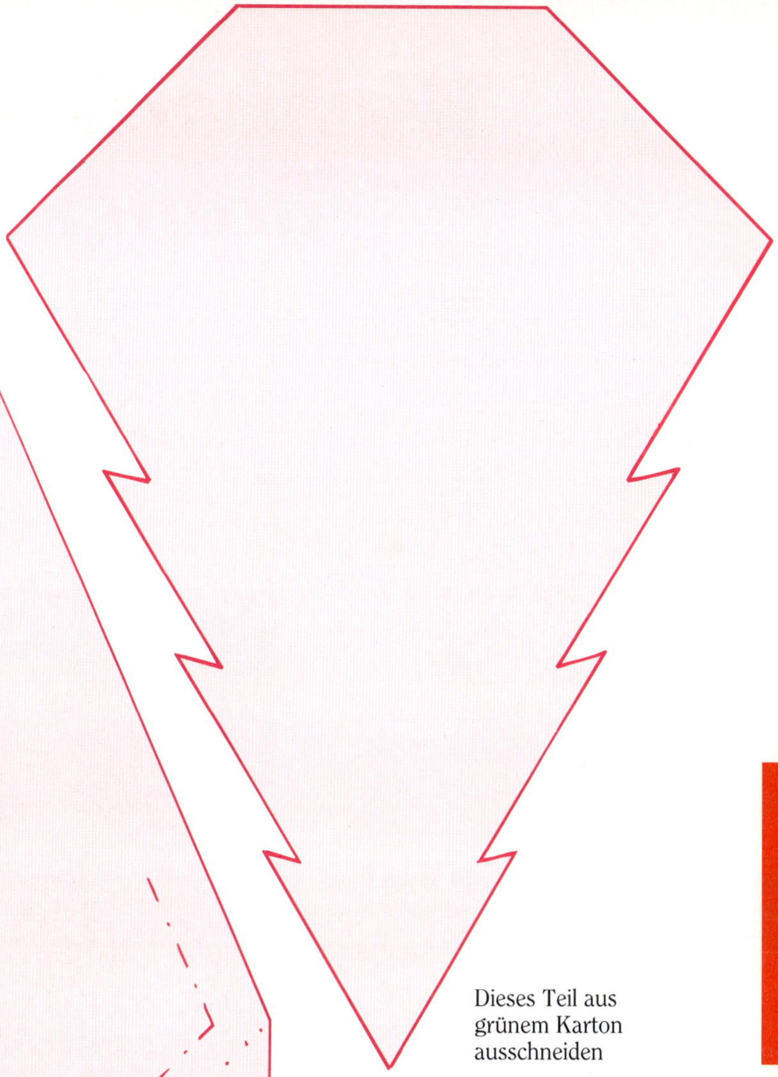



Dieses Teil aus
grünem Karton
ausschneiden

# Weihnachtsteller im Tannenbaum

Ein solcher Weihnachtsteller, der gleichzeitig einen schönen Tischschmuck darstellt, könnte als Willkommensgruß mit etwas Weihnachtsgebäck oder ein paar Nüssen an jedem Platz einer Weihnachtstafel stehen. Übertragen Sie die Zeichnung auf Ihren Karton. Die ausschließlich geraden Linien werden am besten entlang eines Lineals ausgeschnitten, ebenso die wenigen eingeritzten Linien. Gefalzt sind die beiden Teile eines Baumes sehr schnell. Sie werden mit der Kante ihres Mittelfalzes Rücken an Rücken zusammengestellt. In der Spitze wird ein Stern als Klammer darübergeschoben. Die eigentliche Schale schneiden Sie aus dem Goldkarton. Sie wird in der Mitte gefalzt. Den Karton können Sie einfach in den Baum legen. Wenn Sie dem Baum mehr Stabilität geben wollen, kleben Sie den Goldkarton auf. Bleibt die Schale jedoch einfach nur zusammengesteckt, so können Ihre Gäste die kleine Arbeit zusammengelegt bequem als hübsche Erinnerung mit nach Hause nehmen.

***MATERIAL***
***Starker Karton (etwa 550 g/m²)***
***goldener Chromolux-Karton***

*Vorlagen auf Bogen Seite A*

# Weihnachtsbaumanhänger

**_MATERIAL_**
**_Starker Tonkarton in verschiedenen Farben_**

Das Konstruktionsprinzip der Anhänger ist sehr einfach. Dennoch sind sie sehr stabil. Jede Form wird dreimal ausgeschnitten und entlang der vorgezeichneten Linien eingeschnitten und geritzt. Beim Falzen werden die Mittelteile nach außen geklappt. Sie bilden nach dem Zusammenkleben der drei Elemente ein kleines Körbchen. An der Stelle, wo die Mittelteile oben zusammenstoßen, kleben Sie einen Aufhängefaden mit ein.



Für viele Familien stellt sich in jedem Jahr wieder die gleiche Frage: Wie schmücken wir dieses Mal unseren Weihnachtsbaum? Mein Vorschlag: Versuchen Sie es doch einmal mit diesen Anhängern, die mit kleinen Leckereien gefüllt werden können. Als Arbeitsmaterial eignen sich Bastelbogen in mittlerer Kartonstärke, z. B. Tonkarton, Chromolux metallic oder Spiegelkarton.

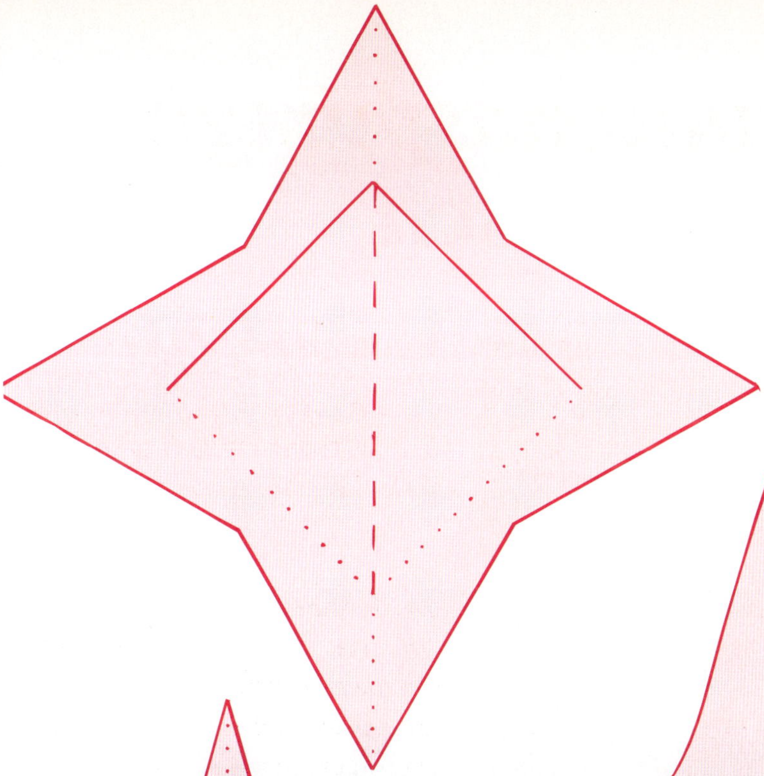

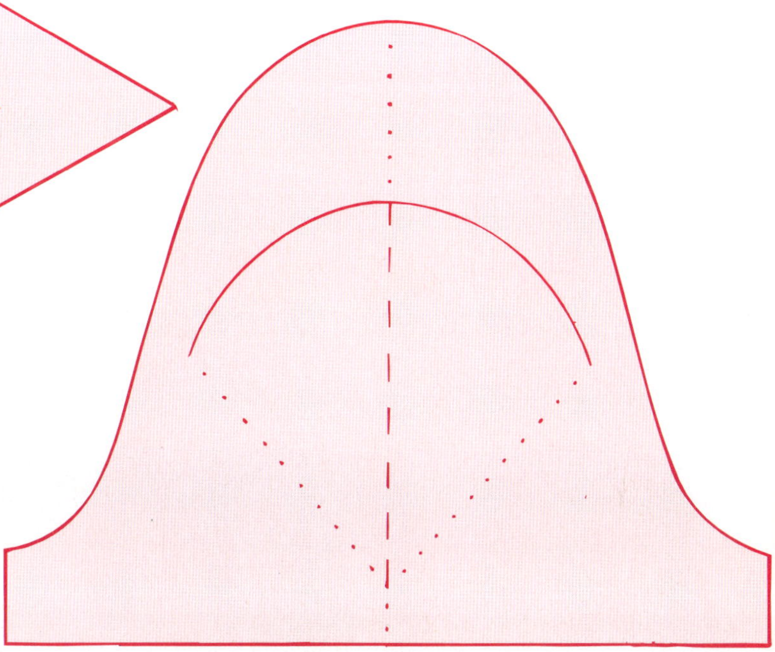



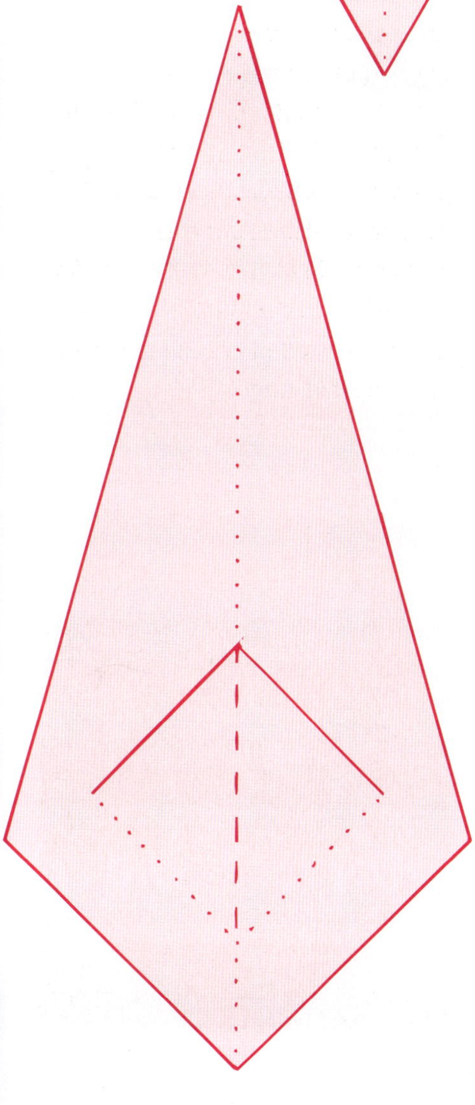

Alle Teile 3 mal ausschneiden

# Tannenbaumtransparent für den Tisch

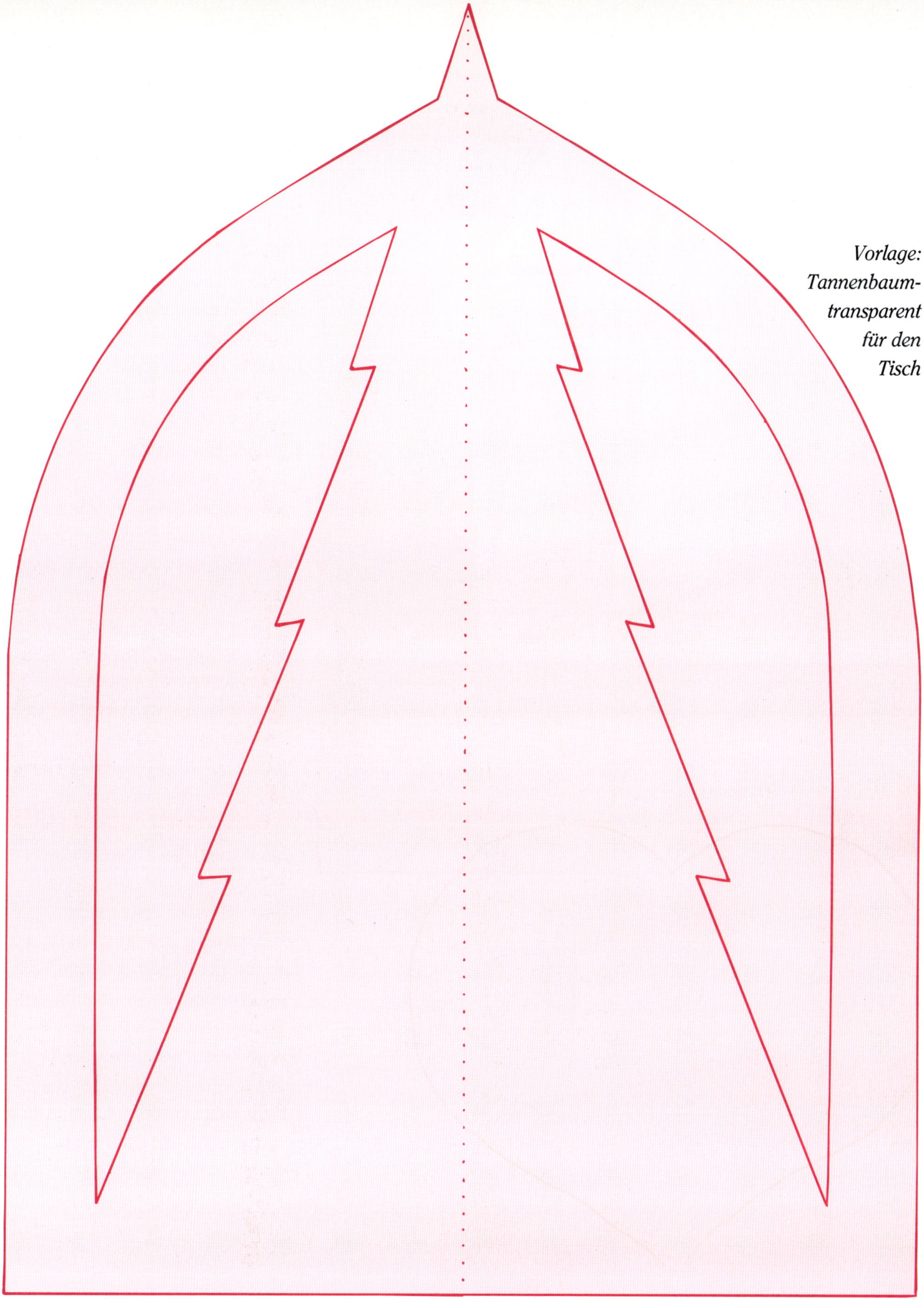

*Vorlage: Tannenbaumtransparent für den Tisch*

3 mal ausschneiden

25

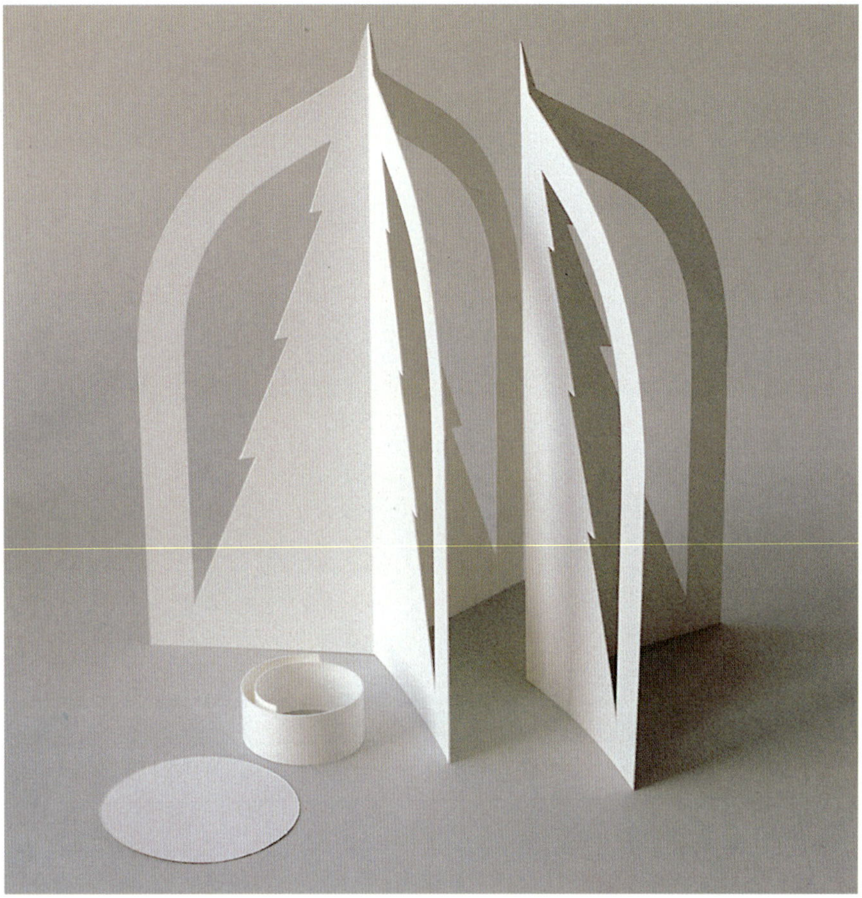

**_MATERIAL_**
**_Starker Karton_**
**_(etwa 550 g/m²)_**

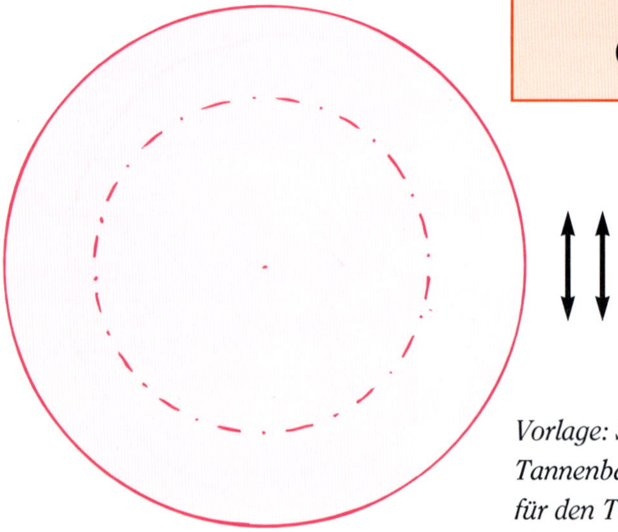

*Vorlage: Sockel zum Tannenbaumtransparent für den Tisch*

Dieses weihnachtliche Transparent kann als Mittelpunkt eine festliche Weihnachtstafel zieren. Das Transparent besteht aus drei gleichen Teilen. Beim Ausschneiden müssen Sie darauf achten, daß Sie sehr exakt schneiden. Da die drei Teile gegeneinander geklebt werden, müssen sie deckungsgleich sein. Dieses dreiteilige Konstruktionsprinzip kennen Sie bereits von den Weihnachtsbaumanhängern (siehe Seite 22). Man kann damit recht interessante plastische Effekte und Durchblicke erzielen.

Nach dem Ausschneiden ritzen Sie die Falzlinien ein. Kleben Sie die Teile zusammen. Wenn Ihr Transparent vor einem Fenster stehen soll, kleben Sie zwischen die einzelnen Teile Transparentpapier. Sie können den Tannenbaum entweder so aufstellen, wie er ist, oder dafür aus einer runden Pappscheibe und einem Kartonring einen Sockel anfertigen. Die Teile werden miteinander und mit dem Transparent verklebt. Wenn Sie beim Zusammenkleben der Teile an der Spitze des Baumes einen Faden mit einkleben, haben Sie auch die Möglichkeit, dieses Transparent aufzuhängen.

# Fensterbild mit Herz

27

**MATERIAL**

***Starker Karton (etwa 550 g/m²). Roter Chromolux-Karton für das Herz. Blaues Transparentpapier. Dünner Karton für die Zweige.***

Dieses dreidimensionale Fensterbild mit dem roten Herzen soll aufgehängt werden. Das Konstruktionsprinzip ist das gleiche wie bei dem Tannenbaum zuvor.

Fertigen Sie zuerst das Herz (die Form entnehmen Sie aus der Vorlage auf Seite 29), wobei Sie beim Zusammenkleben der drei Teile in der Mitte einen langen Faden mit einkleben.

Beim Zusammenkleben der Fensterteile legen Sie zwischen die unteren Fenster blaues Transparentpapier.

Bevor Sie das dritte Fensterelement ankleben, hängen Sie das Herz mit dem Faden von oben so in das Fenster, daß das Herz frei beweglich ist.

Beim Ankleben des dritten Fensterteils wird dann der Faden oben in der Spitze mit eingeklebt und bildet so gleichzeitig den Aufhängefaden für das ganze Transparent. An der Spitze befestigen Sie die drei ausgeschnittenen und gefalzten Tannenzweige.

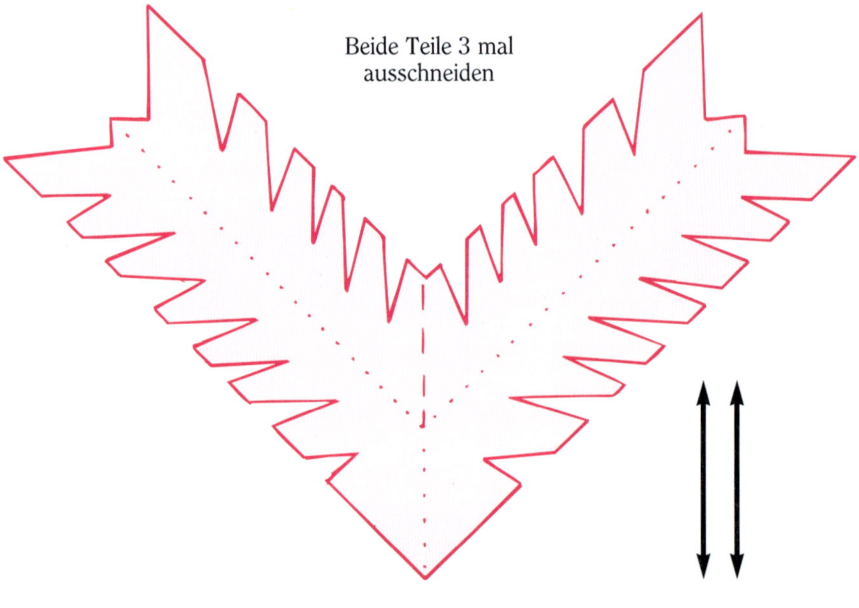

3 mal ausschneiden

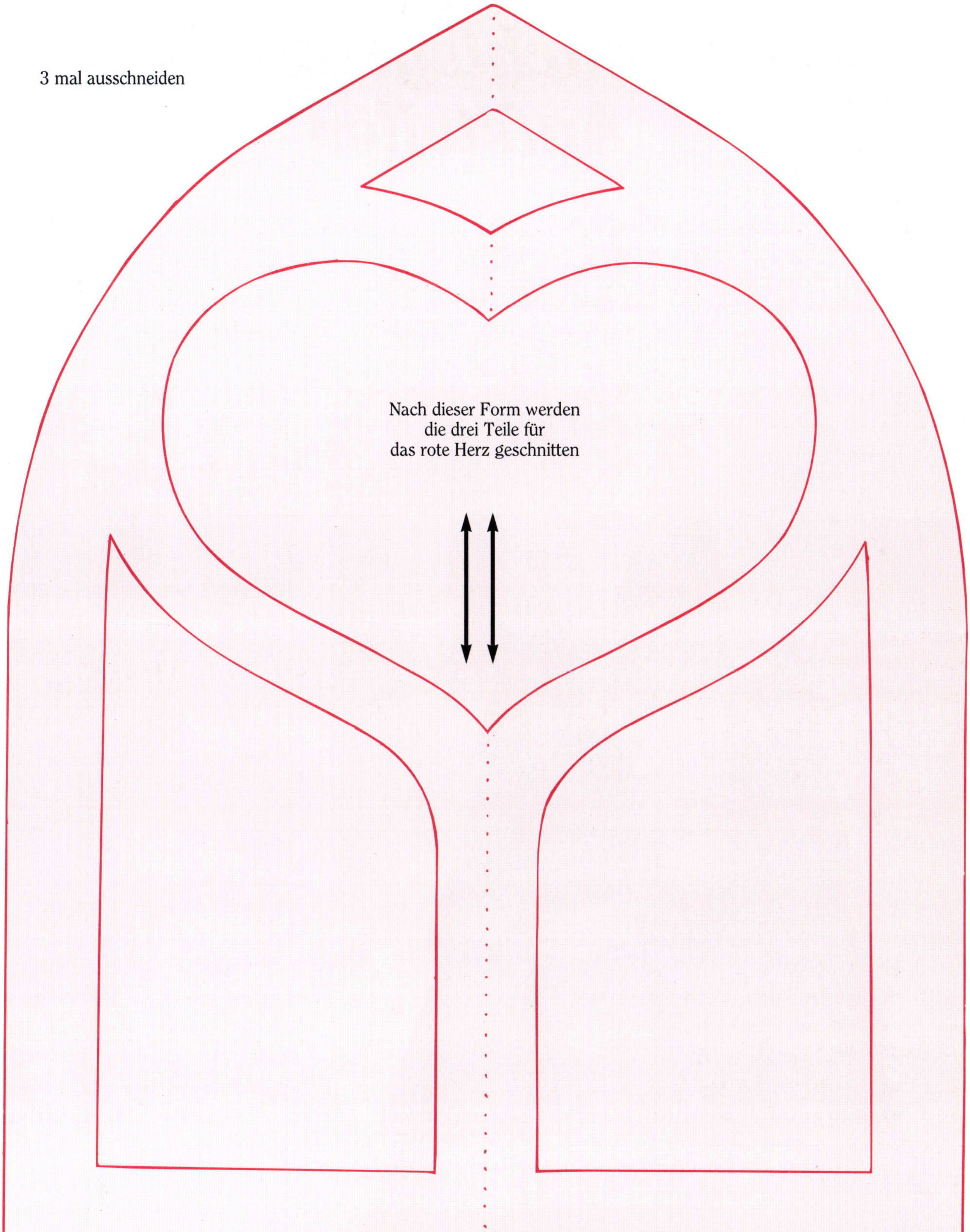

# Weihnachtsgruß als Aufsteller

Diesen weihnachtlichen Aufsteller können Sie als Grußkarte verschicken. Sie wird sicher nicht so schnell auf dem üblichen Kartenstapel landen, sondern den Empfängern längere Zeit Freude bereiten. Die nach den Vorlagen ausgeschnittenen Teile sind schnell zusammengeklebt. Etwas aufpassen muß man beim Ankleben des zweiten Flügels, dessen Goldseite auch zum Betrachter gerichtet ist.

Zwischen der Falzstelle 1 und 2 (neben Bogen A) wird der zweite Flügel auf seiner Goldseite an den

**_MATERIAL_**

**_Grüner Tonkarton für die Tannen. Chromolux-Karton metallic gold für den Engel_**

Engel geklebt. Falz 1 wird dabei nur leicht abgewinkelt und nicht wie sonst im rechten Winkel. Das Teil zwischen 2 und 3 dient als Abstandhalter. Ab 3 beginnt das Teil, mit dem der ganze Engel dann an die Tanne geklebt wird. Geritzt werden nur die Verbindungsteile. Achten Sie beim Zusammenkleben der Teile darauf, daß sie so angebracht werden, daß die Karte zusammengeklappt werden kann.

*Vorlagen auf Bogen Seite A*

# Kleine Tannenbaum-pyramide für Tischkarten

Ihre Stabilität und Standfestigkeit erhält diese kleine Pyramide durch das Wölben des Kartons vor dem Zusammenkleben. Die Grundform hat die Form eines Kegelmantels. Sie wird nach dem Ausschneiden und Ritzen über einer scharfen Kante kreisbogenförmig gerundet. Danach wölben Sie die Zweige des Tannenbaums über einem Scherenrücken leicht in die entgegengesetzte Richtung, nach außen. Vor- und Rückseite der Pyramide werden entlang der Klebelasche zusammengeklebt. Dann schneiden und ritzen Sie das Flügelrad und befestigen es mit einer Stecknadel an der Spitze der Pyramide. Hinter die Zweige des Tannenbaums stecken Sie ein Briefchen oder eine Karte. Mit dieser außergewöhnlichen Tischkarte werden Sie die Gäste Ihrer Weihnachtsfeier überraschen.

***MATERIAL***

***Grüner und weißer Tonkarton***

*Vorlagen auf Bogen Seite A*

# Vögel als Christbaumschmuck

Wenn eine ganze Vogelschar Ihren Weihnachtsbaum bevölkert, kann das sehr lustig aussehen. Die Vögel, die hier vorgestellt werden, unterscheiden sich durch ihre Flügel- und Schwanzformen. Der Aufbau und die Arbeitsschritte sind bei allen Vögeln gleich.
Beim Ausschneiden ist zu beachten, daß beide Körperhälften deckungsgleich sein müssen. Die Augen stanzen Sie mit einer Lochzange aus, oder Sie stechen sie mit einer Nadel vor und weiten sie mit einer Bleistiftspitze auf.

**MATERIAL**
**Weißer Karton, 180 g/m²**

Der Vogelkörper wird Kante auf Kante zusammengeklebt. Zuvor erhalten beide Körperhälften eine leichte Vorspannung, indem sie über einer Kante gerundet werden. In den Körper werden Flügel, Schwanz und Schnabel eingeklebt. Zum Austarieren der Vögel haben Sie verschiedene Möglichkeiten. Sie können den Aufhängepunkt des Fadens verändern, das Gewicht beim Einkleben der Schwanzspitze verlagern oder notfalls in den Körper ein Pfennigstück einkleben.

*Vorlagen auf Bogen Seite A*

# Weihnachtskrippe

Diese abstrakte Gestaltung einer Weihnachtskrippe läßt die Schlichtheit und ästhetische Schönheit des Papiers voll zur Geltung kommen. Durch das Weglassen vieler Details wird die Darstellung auf das Wesentliche beschränkt.

***MATERIAL***
***Starker Karton für Bodenfläche und Wand.***
***Dünnerer Karton für alle übrigen Teile.***

Von großer Bedeutung ist eine gleichmäßige Linienführung beim Ritzen der Figurenteile. Nach dem Ritzen werden die Figuren zunächst über einer scharfen Kante gerundet. Dann knicken Sie den Falz. An den unteren Rändern erhalten die



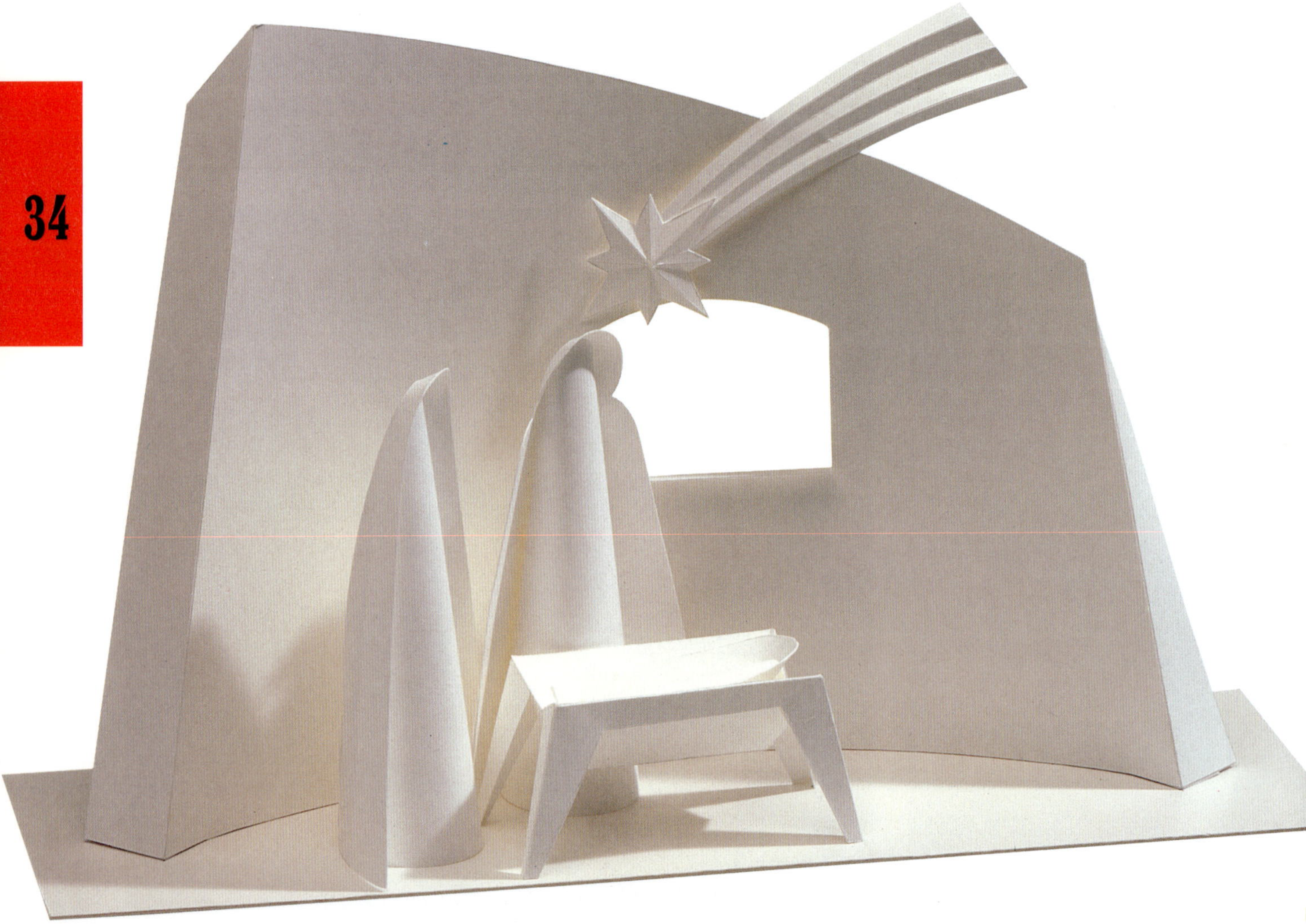

Figuren an der Innenseite des Falzes einen Klebepunkt. Anschließend werden die beiden äußeren Ecken hinten mit einem Klebepunkt zusammengeklebt. Auf diese Weise werden die Figuren in ihrer Form gehalten. Die Lage der Klebepunkte ist in der Vorlagenzeichnung angegeben.
Das Teil, aus dem die Futterkrippe entsteht, sieht nur auf den ersten Blick kompliziert aus. Die vielen Falzlinien sind nötig, weil die Futterkrippe aus einem Teil bestehen sollte. Da alle Schnitt- und Ritzlinien gerade verlaufen, können Sie beim Schneiden und Ritzen ein Lineal verwenden.
Die gebogene Wand erhält vor dem Falzen eine leichte Vorspannung. Dann lassen sich die abgewinkelten Seitenleisten leicht an den Ecken verbinden. Kleben Sie die Wand mit den angeschnittenen Klebefalzen auf den doppelt verklebten starken Karton für die Bodenfläche. Die Figuren werden auf der Bodenfläche so

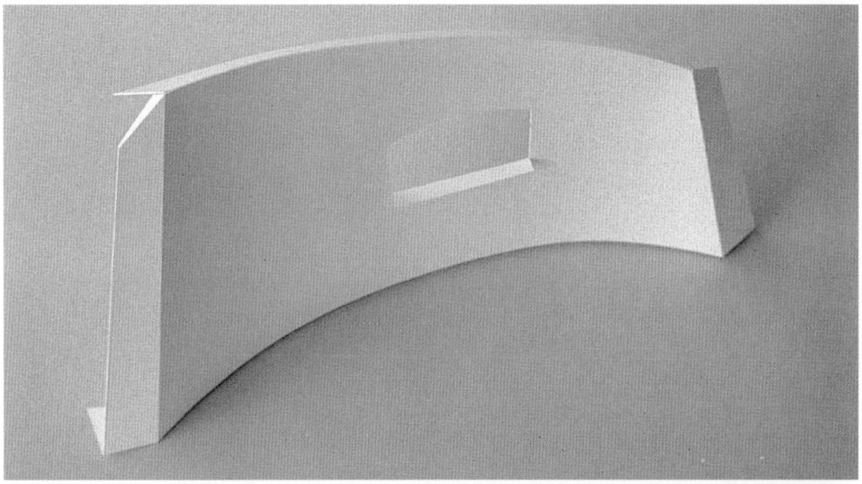

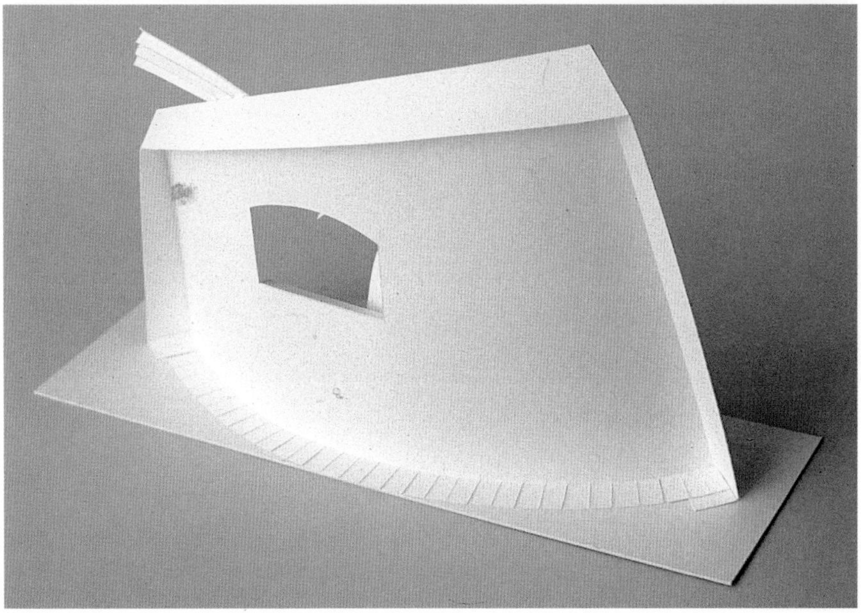

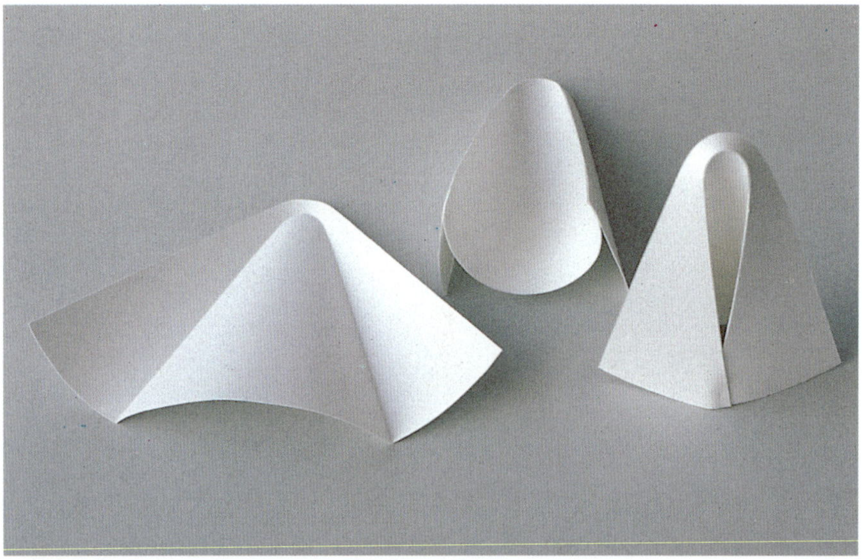

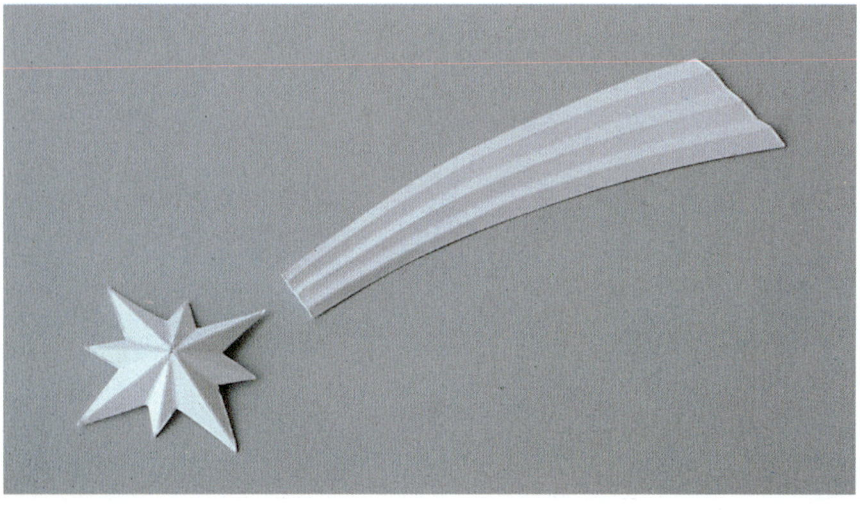



angeklebt, daß die Klebestellen nicht sichtbar sind.
Verwenden Sie also möglichst wenig Leim.
Das Ausschneiden und Falzen des Sterns dürfte Ihnen keine Schwierigkeiten bereiten. Vorsicht ist geboten bei der Herstellung des Schweifs, da die Falzlinien sehr eng beieinanderliegen und bogenförmig verlaufen. Wenn Ihnen dies beim ersten Versuch nicht sauber genug gelingt, versuchen Sie es ein weiteres Mal. Sie werden sehr schnell ein Gefühl dafür bekommen, wie die Falzlinien verlaufen müssen. Da diese Falzlinien absolut gleichmäßig verlaufen müssen, sollten Sie sich dafür eine Ritzschablone aus starkem Karton anfertigen.
Nachdem Sie Stern und Schweif mit einigen Klebepunkten an der Wand festgeklebt haben, ist Ihr Objekt jedoch noch nicht fertiggestellt. Die Gruppe fordert geradezu heraus, mit Licht und Schatten, vielleicht auch mit Tannenzweigen, zu experimentieren, um die Wirkung zu steigern.

*Vorlagen auf Bogen Seite A*

# Weihnachtsfiguren

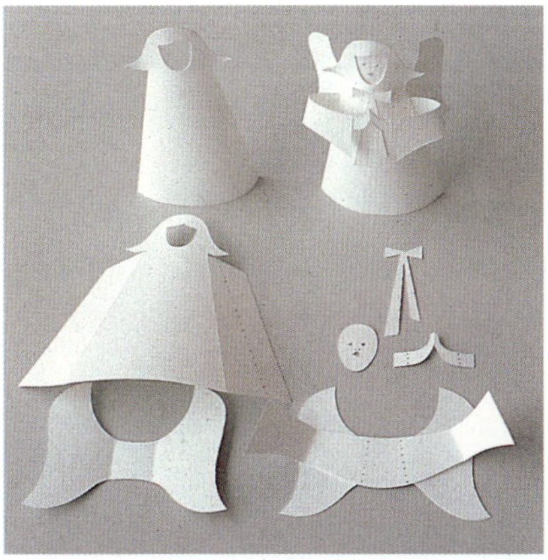

*Vorlagen auf Bogen Seite B*

Bei diesen Figuren ist die Feststellung der Laufrichtung des Kartons sehr wichtig
Ihre halbplastische Form erhalten diese Weihnachtsfiguren dadurch, daß die Rückseiten zusammengezogen werden. Wenige Ergänzungsteile vervollständigen die Figuren. Alles Überflüssige ist jedoch weggelassen.

***MATERIAL***

***Farbiger und weißer Chromolux- oder Tonkarton für Nikolaus und Nußknacker. Chromolux-Karton gold für Engel.***

Bei dem Nußknacker ist zu beachten, daß der Körper genau zwischen die beiden Arme paßt. Stellen Sie also zunächst den Körper her und kleben dann die Arme fest. Sehr vorsichtig müssen Sie beim Ankleben der Falzkante zwischen den Beinen sein. Hier wird Leim dünn von hinten auf die Falzkante aufgetragen und diese dann vorsichtig mit der abgeflachten Seite eines Lineals angedrückt. Die Einzelteile für das Gesicht und die Kleidung werden hinzugefügt. Zum Teil erhalten sie über einer Linealkante eine leichte Vorspannung.

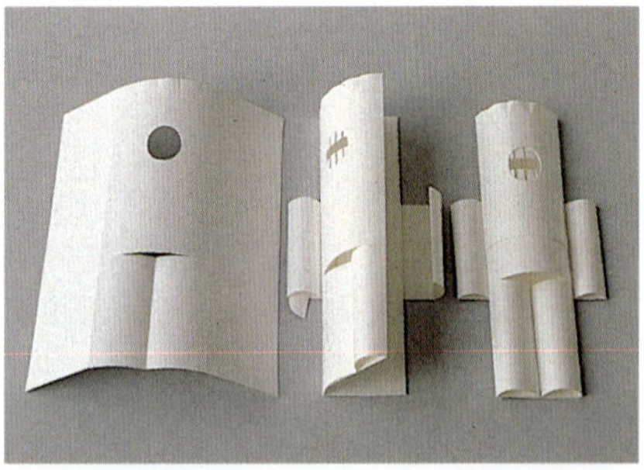

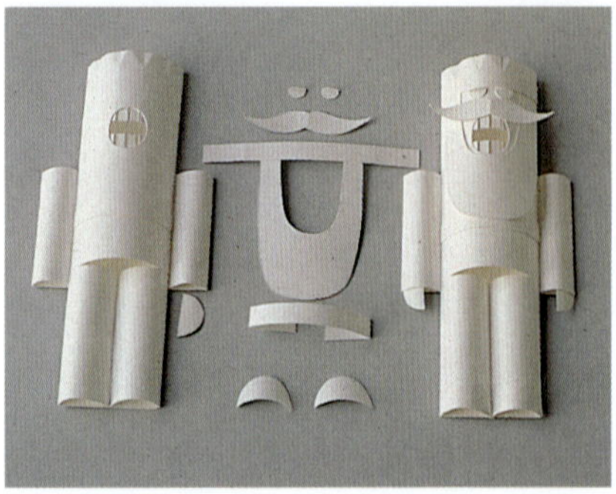

*Detail-Vorlagen*
*Nußknacker*

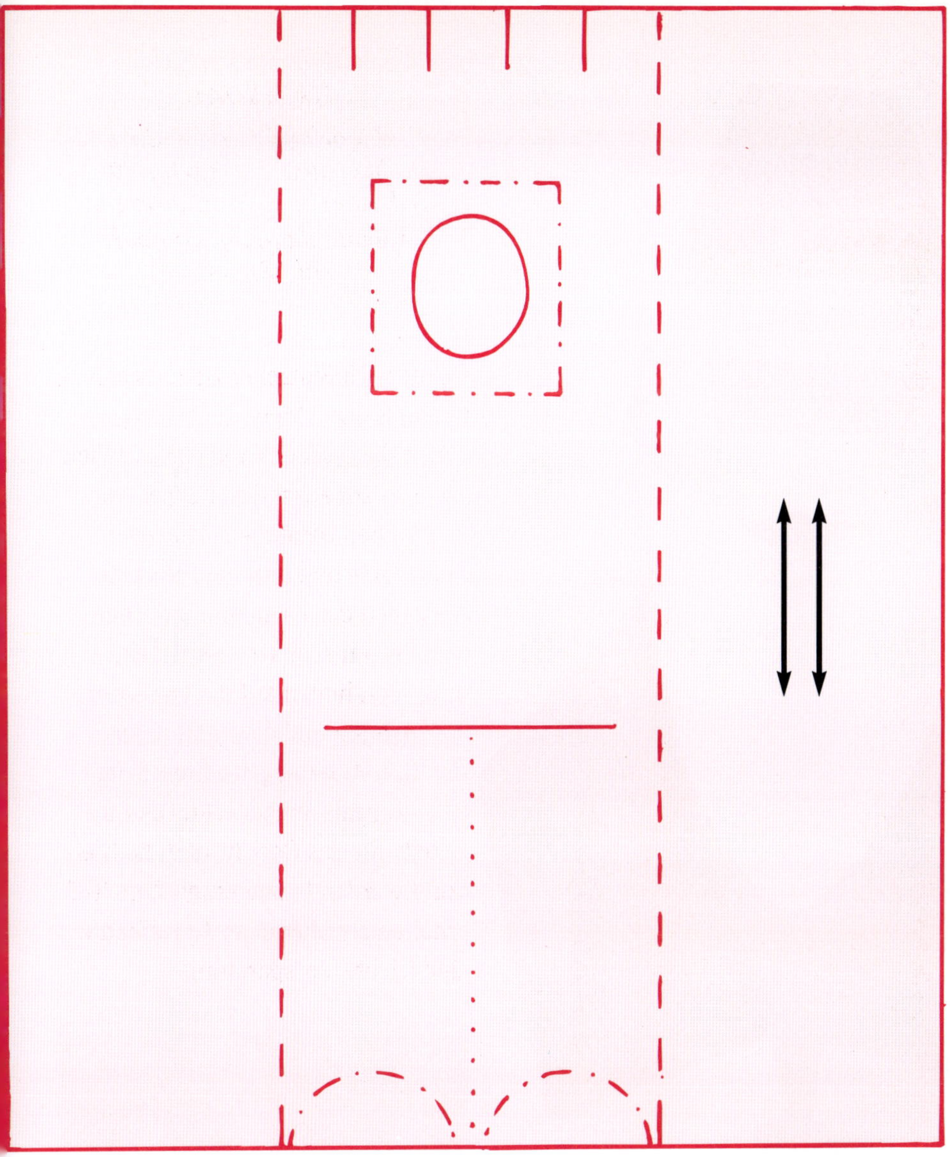

Augen

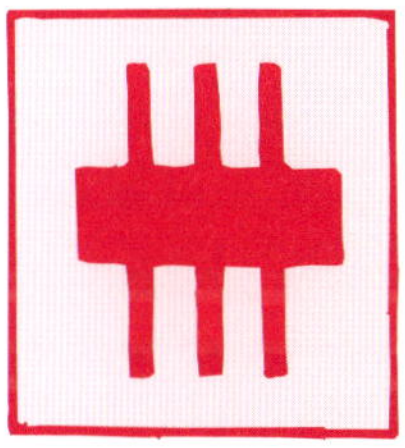

Zähne

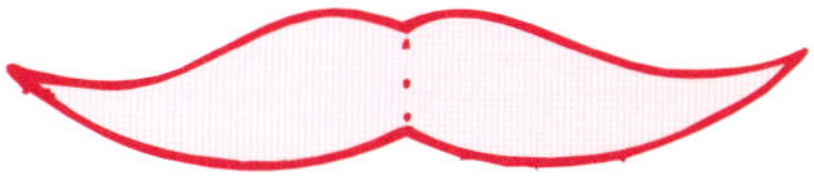

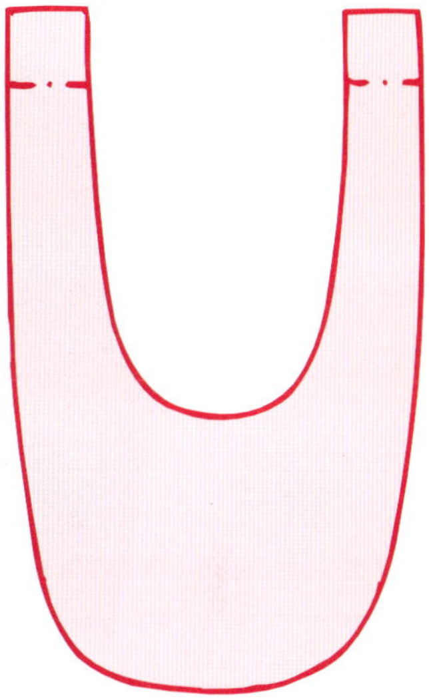

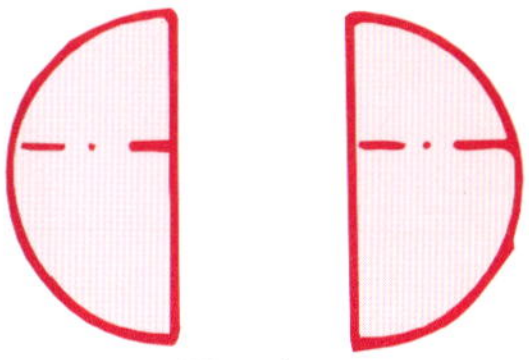

Hände

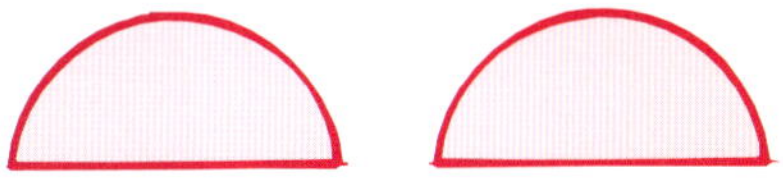

Schuhe

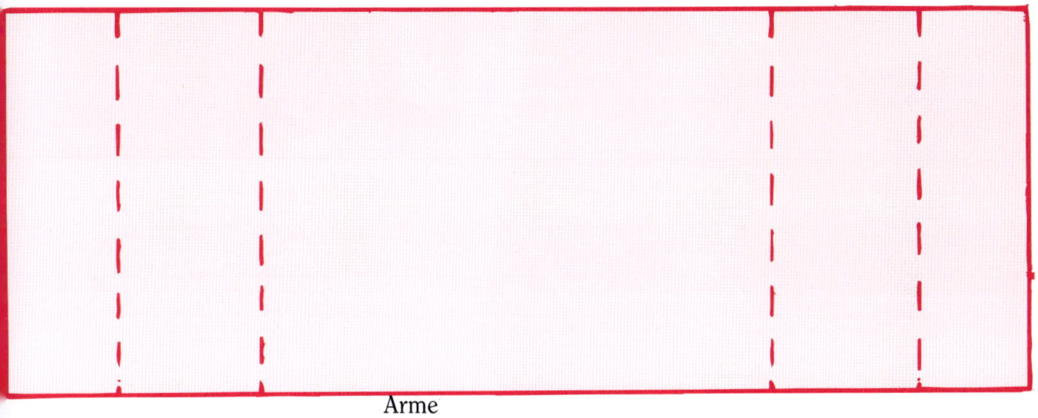

Arme

Mützenband

Gürtel

Die Körper der beiden andern Figuren (Nikolaus und Engel) erhalten ebenfalls ihre halbplastische Form durch Zusammenziehen der beiden Rückenteile. Zuvor wird der Karton im Bereich der Vorderseite etwas gerundet. Zum Aufkleben der Kleinteile (Augen, Bart, Knöpfe usw.) können Sie eine Pinzette benutzen. Das Gesicht des Engels wird ebenso wie die Zähne des Nußknackers von hinten gegen den entsprechenden Ausschnitt geklebt.

Bei durchgefärbten Tonkarton müssen Sie die Ärmelaufschläge aus weißem Karton aufsetzen. Mit drei der hier vorgestellten Engel können Sie Ihren Weihnachtsbaum krönen, indem Sie ein Flügelradmobile über der Spitze des Baumes an der Decke befestigen. Das Flügelrad wird nach der Vorlage für die Weihnachtspyramide hergestellt (siehe Seite 60). Die Halterung für die Engel befindet sich auf dem Vorlagenbogen. Sie wird dreimal aus starkem Karton ausgeschnitten. Die Halterungen werden in die kegelförmige Nabe des Flügelrades eingeklebt. Zuvor müssen Sie diesen Kegel einschneiden, so daß die Halterungen in gleichem Winkel zueinander stehen. Wenn der Kleber getrocknet ist, befestigen Sie mit einem 15 cm langen Aufhängefaden die Engel am unteren Ende. Für die Aufhängung an der Decke messen

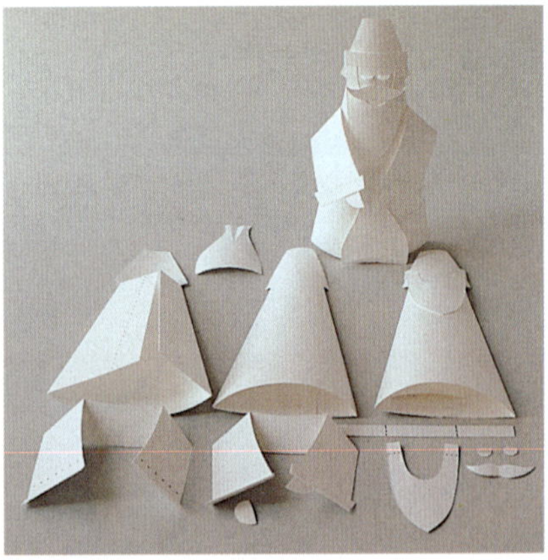

Sie Ihren Faden so lang ab, daß das Mobile genau über der Christbaumspitze hängt. Durch die aufsteigende warme Luft der Kerzen oder der elektrischen Baumbeleuchtung wird das Mobile ständig in Bewegung gehalten.

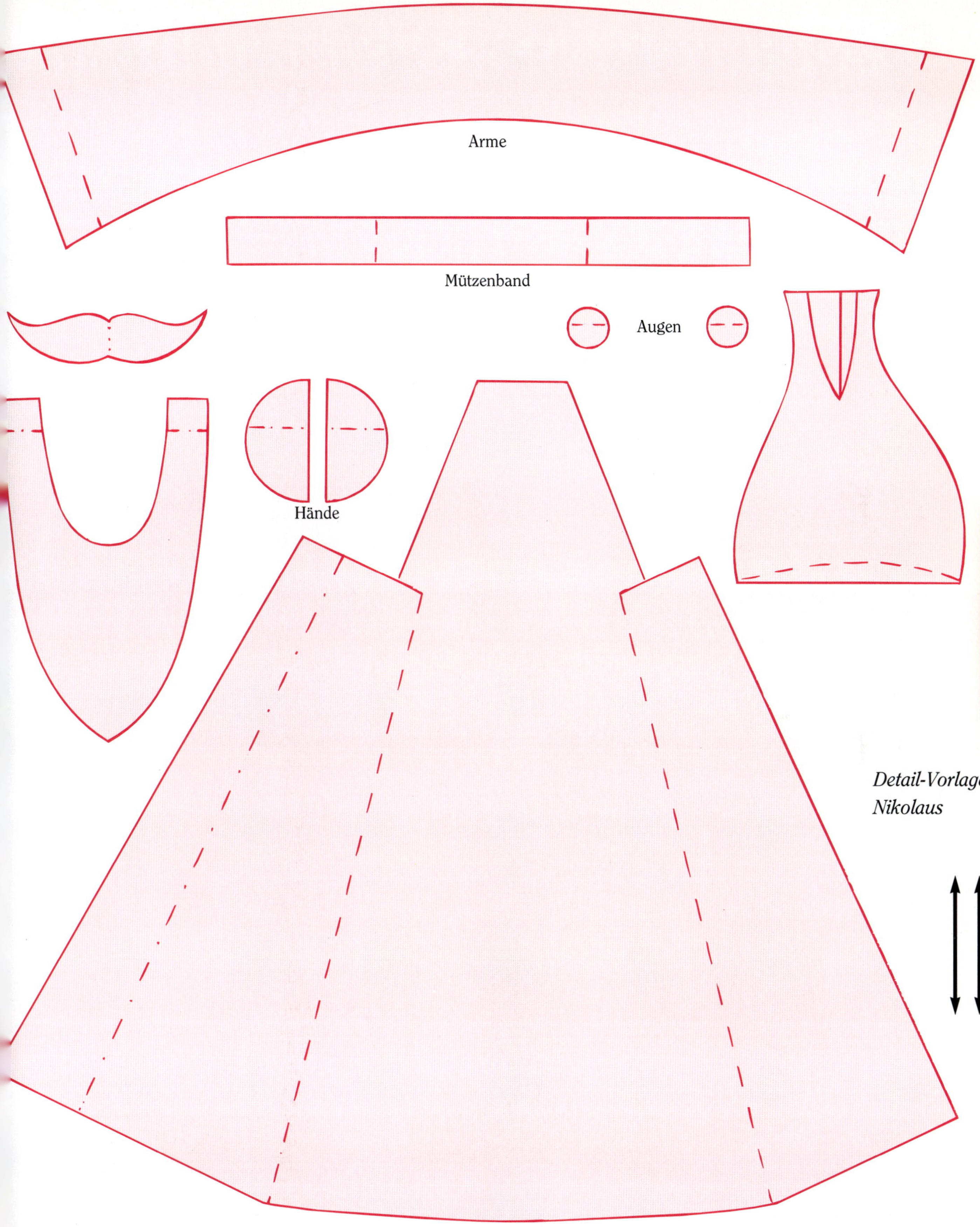


*Detail-Vorlagen*
*Nikolaus*

# Erzgebirgischer Schwibbogen

Diesen Schwibbogen, der natürlich nicht, wie man ihn sonst kennt, mit Kerzen bestückt ist, ziert eine Sternsingergruppe. Der Bogen ist für das Material Karton recht groß und muß dementsprechend stabil ausgeführt werden. Immerhin ist der obere Umleimer über 90 cm lang. Der Radius des Bogens beträgt 14,5 cm. Auf den Fotos ist der Aufbau dieser Konstruktion zu sehen. Den halbkreisförmigen Bogen, der gekontert wird, schneiden Sie zweimal aus und verkleben beide Teile miteinander. Ein 25 mm breiter Umleimer wird aus starkem Karton geschnitten, ebenfalls ein zweiter, aber nur 10 mm breiter Streifen, der den Umleimer innen verstärkt. Beide Streifen sollten etwas länger sein, als benötigt wird. Sie werden hinten bündig miteinander verklebt und zugleich mit der Vorderkante des schmaleren Streifens von hinten gegen den Halbkreis geklebt. Dabei müssen Sie abschnittsweise vorgehen, um den Längenunterschied zwischen Umleimer und innenliegender Verstärkung auszugleichen. Heften Sie die Streifen zunächst nur mit wenigen Leimpunkten am Bogen fest. Wenn der Umleimer sitzt, tragen Sie in der rückwärtigen Innenkante zwischen Umleimer und Halbkreis eine Klebstoffraupe auf, die der Konstruktion genügend Festigkeit verleiht.

Das gefalzte Bodenteil kleben Sie auf eine Grundplatte von 520 x 80 mm auf. Die Grundplatte besteht aus doppelt verklebtem starkem

***MATERIAL***

***Starker Karton für die Teile des Schwibbogens.***

***Dünner Karton (etwa 180 g/m²) für die Figuren.***

Karton. Die T-förmigen Schlitze dürfen nur so groß sein, daß der Bogen gerade hineinpaßt. Richten Sie den Bogen senkrecht aus. An nicht sichtbaren Stellen werden Bogen und Bodenteil satt verklebt.

Die Herstellung der Figuren ist einfacher, als es auf den ersten Blick

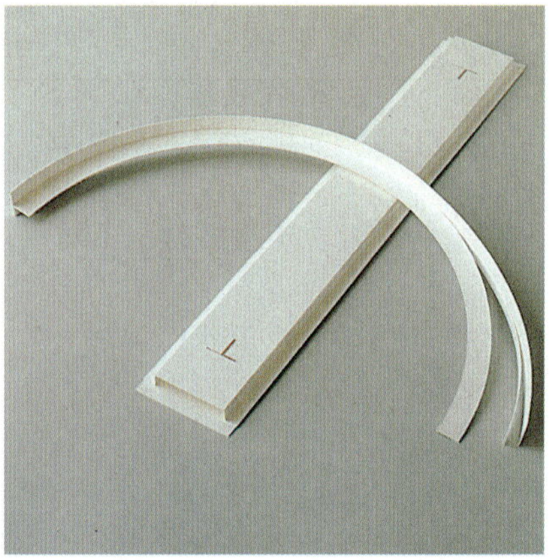

aussieht. Alle Einzelteile – Fuß, Mantel, Jacke, Kragen, Kopf, Hut – sind kegelförmig und erhalten kreisrunde Falzlinien. Zum Teil werden sie sogar vor- und zurückgefalzt. Dies ist am deutlichsten am Kopfteil zu sehen, wo der Kegelmantel am Kinn nach innen gefalzt wird und der im Durchmesser kleinere Gegenfalz den Hals der Figur bildet. In das Kopfteil stanzen Sie mit einer Lochzange ein Loch für den Mund.

Vor dem Falzen geben Sie allen Teilen eine Vorspannung, indem Sie sie über eine scharfe Kante ziehen. Die Falze springen dann fast von selbst in die richtige Form. Die Technik des kreisrunden Falzens ist eingangs schon beschrieben. Bei der Anfertigung dieser Figuren sollten Sie einige Übungsstücke mit einplanen, um diese Technik sicher zu beherrschen.

Vor dem Zusammenkleben der Teile empfehle ich Ihnen, die Einzelteile zunächst in die gewünschte Form zu bringen und mit Klammern zu fixieren. Tragen Sie dann erst Klebstoff auf und drücken die Klebestellen zusammen. Die Klammern werden entfernt, wenn die Klebeverbindung hält.

Das Zusammenfügen der Teile zu einer Figur dürfte dann keine Schwierigkeiten mehr bereiten. Haare und Umhang werden vor dem Ankleben über einer Kante gerundet. Mit wenig Klebstoff am oberen Rand werden die Haare

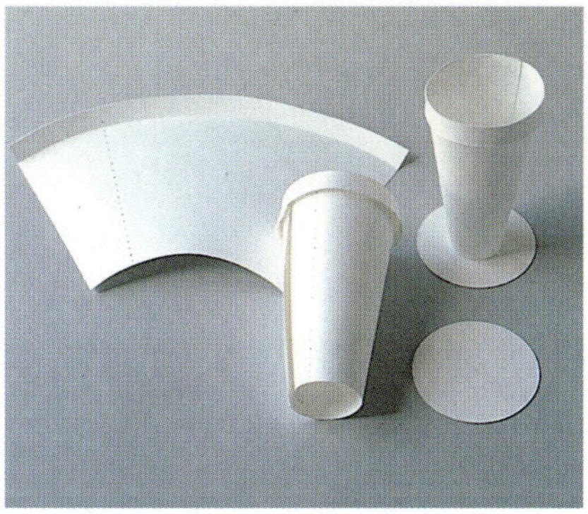

*So wird der Zuschnitt gefalzt, zusammengeklebt und auf die Bodenscheibe geklebt, die das Unter- bzw. Fußteil ergibt.*

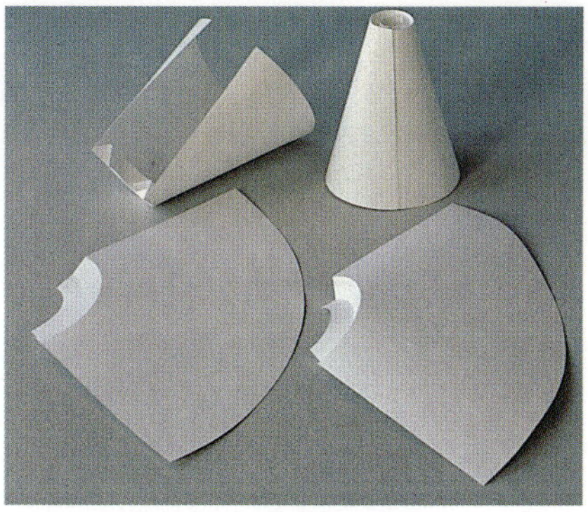

*Durch Runden, Falzen und Gegenfalzen wird der Mantel geformt zusammengeklebt.*

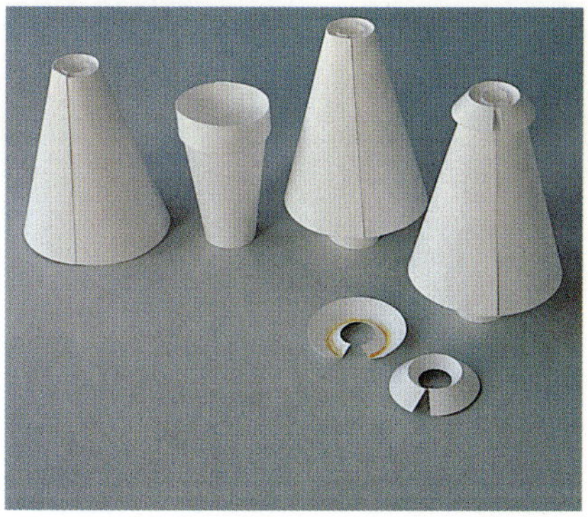

*Mit dem Unterteil zusammengefügt und mit dem Kragen versehen, bildet er den Grundkörper der Figur.*

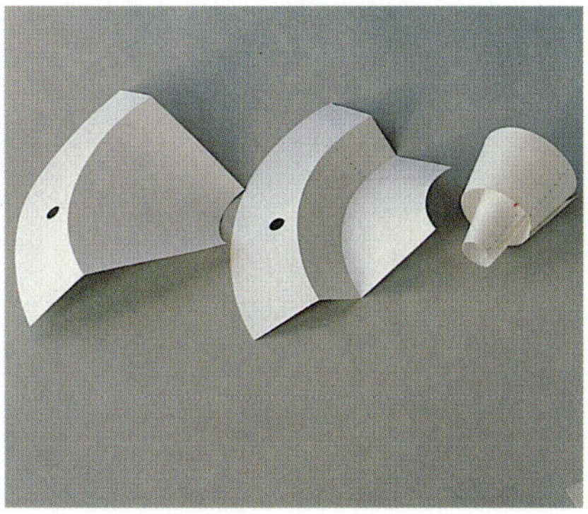

*Der Zuschnitt für den Kopf erhält durch Falzen und Gegenfalzen der entsprechend geritzten Linien und geschicktes „Eindrehen“ seine Form.*

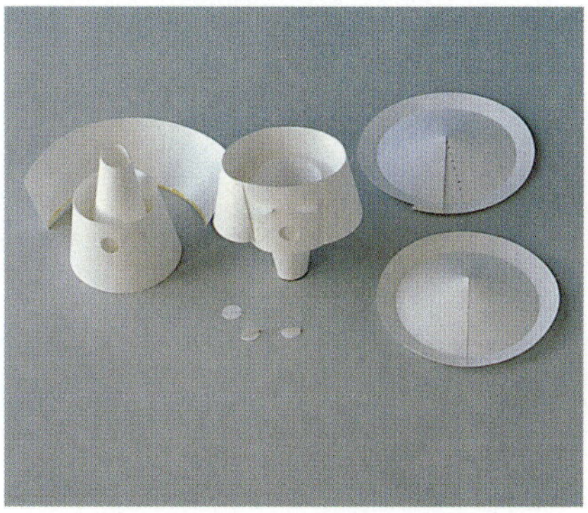

*Das Haarteil, Hut und Augen vervollständigen den Kopf.*

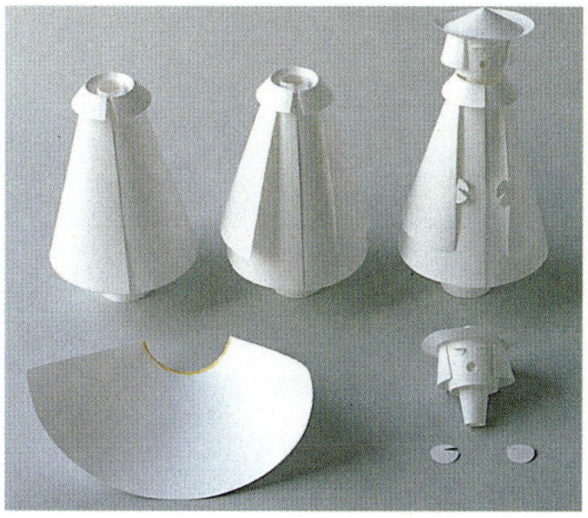

*Durch Anfügen des Umhangs, Einkleben des Kopfes und der Hände wird die Figur vollendet.*



in den Winkel zwischen Hut und Kopf, der Umhang zwischen Kragen und Mantel geklebt. Das Ankleben der Augen und der Hände vervollständigt die Figuren.
Zwei der Figuren bekommen ein Gesangbuch – ein gefalztes, rechteckiges Stück Karton – in die Hände, die mittlere Figur trägt den Stab mit dem Stern. Der Stern erhält seine Form durch Falze nach vorn und nach hinten. Wenn Sie beim Material Papier bleiben wollen, fertigen Sie den Stab aus einem eng geritzten Kartonstreifen, den Sie zu einem sechseckigen Profil formen. Sie können dazu aber auch ein weißes Stäbchen aus anderem Material verwenden.
Links und rechts der Figurengruppe bringen Sie zwei einfache Tannenbäume an, die in der Mittelachse gefalzt sind. Durch die Wirkung von Licht und Schatten wird auch dieser Schwibbogen zu einem interessanten Objekt.

*Vorlagen auf Bogen Seite B*

# Erzgebirgsfiguren

Diese Figuren, die an erzgebirgische Räuchermänner erinnern, geben sowohl einzeln als auch in der Gruppe einen hübschen weihnachtlichen Raumschmuck ab. Hier sind charakteristische Details sehr wichtig. Es bleibt Ihrer Phantasie überlassen, weitere Einzelheiten hinzuzufügen.
Die Herstellung des Grundkörpers dieser Figuren ist im Prinzip die gleiche wie bei den Figuren des Schwibbogens. Anders sind nur die Größenverhältnisse der Zuschnitte und Ritzungen. Die unterschiedliche Länge der Jacken und Mäntel für die einzelnen Figuren geht aus der Vorlage hervor.

***MATERIAL***

***Schwacher Karton (etwa 180 g/m²) für die Figuren.***

***Starker Karton für die Bodenplatten.***

Gestalt gewinnen die Figuren durch die charakteristischen Einzelheiten. Wie diese auszuschneiden und zusammenzufügen sind, geht aus den Vorlagenbogen und den Fotos hervor. Stellen Sie jeweils eine Figur nach der anderen fertig.
Für die teilweise sehr kleinen Details ist exaktes Arbeiten erforderlich. So werden Lebkuchenverkäufer mit Bauchladen, Schutzmann, Schornsteinfeger, Nikolaus und Jäger zu ausdrucksstarken Individuen.

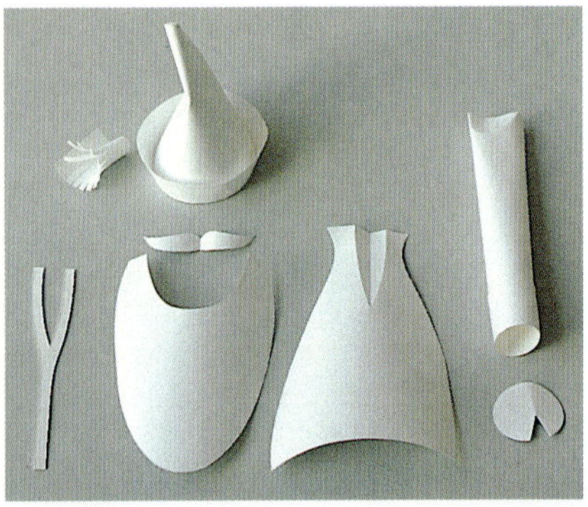

***Erzgebirgsfiguren Nikolaus und Lebkuchenverkäufer***

*Die Detail-Vorlagen finden Sie auf dem Bogen Seite B*

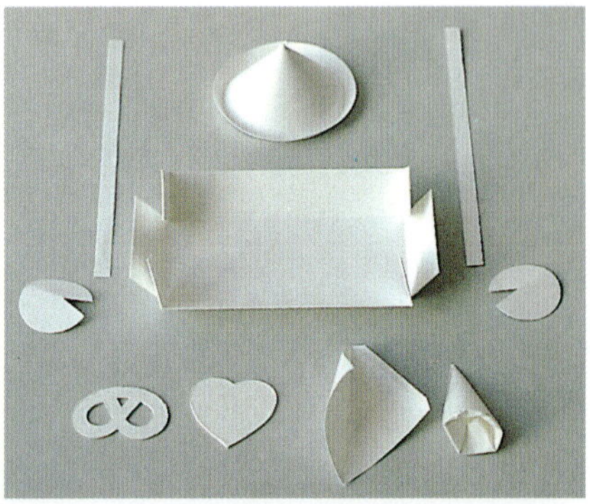

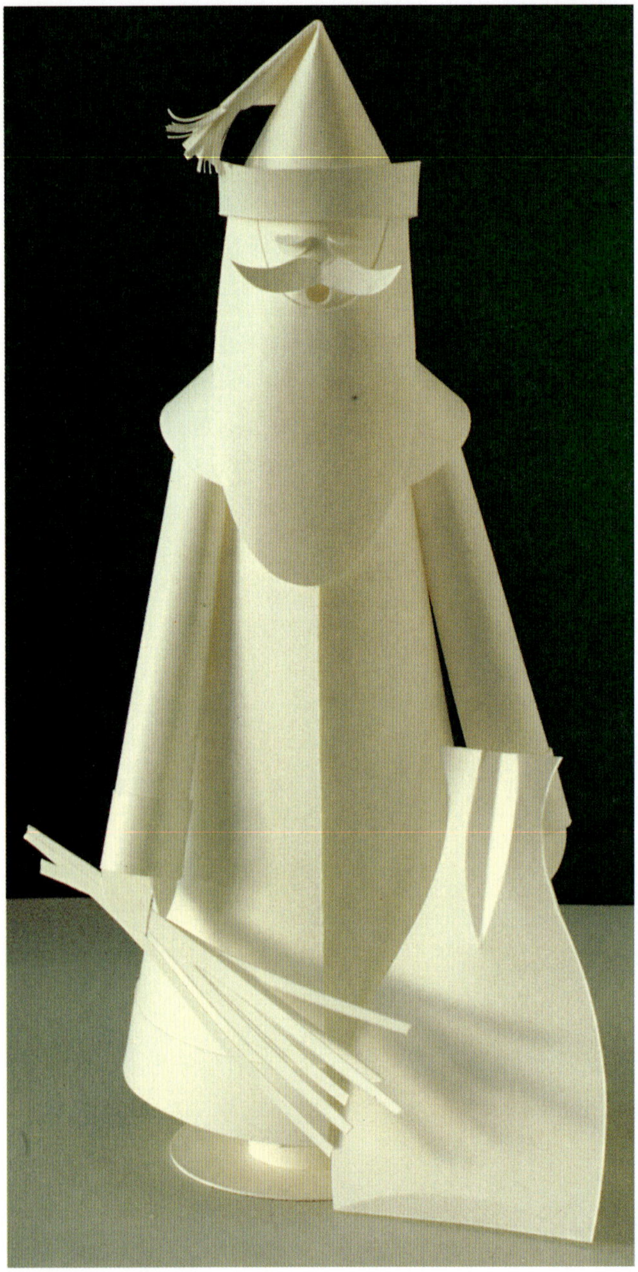

*Vorlagen Erzgebirgsfiguren:*
*Grundform.*
*Weitere Figuren finden*
*Sie auf dem Bogen*
*Seite B*

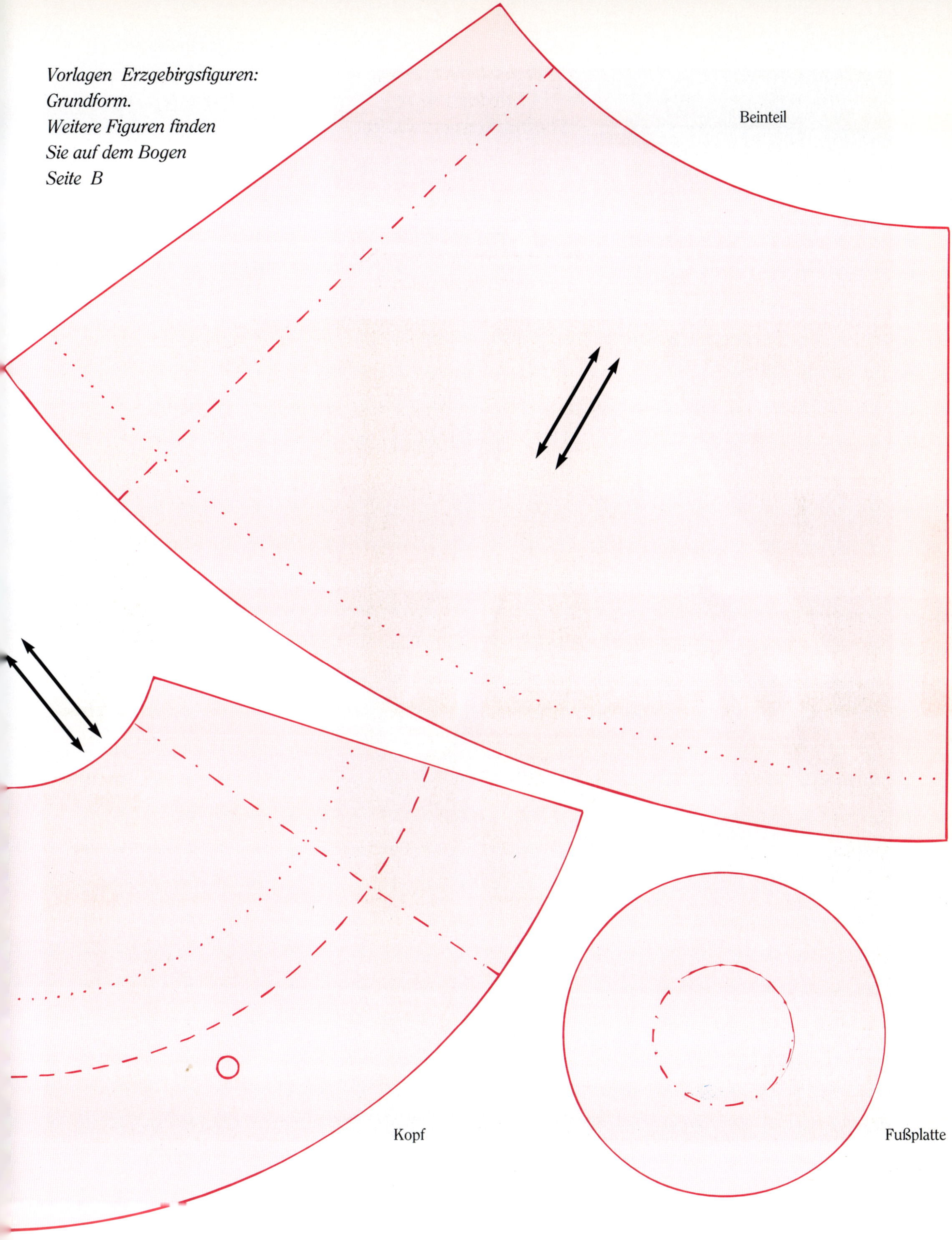

*Erzgebirgsfiguren*
*Schornsteinfeger*

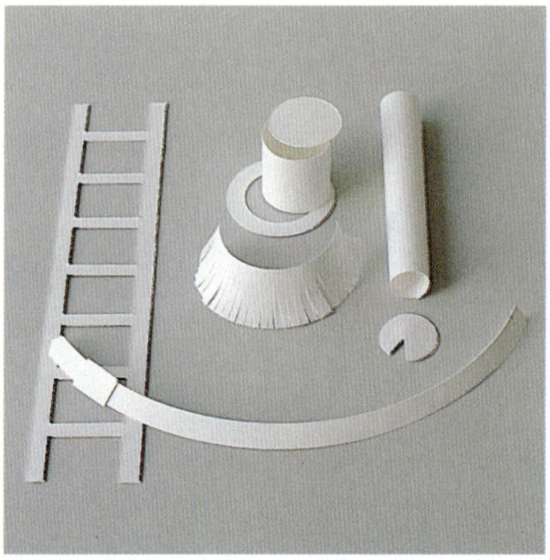

# *Detail-Vorlagen Schornsteinfeger*

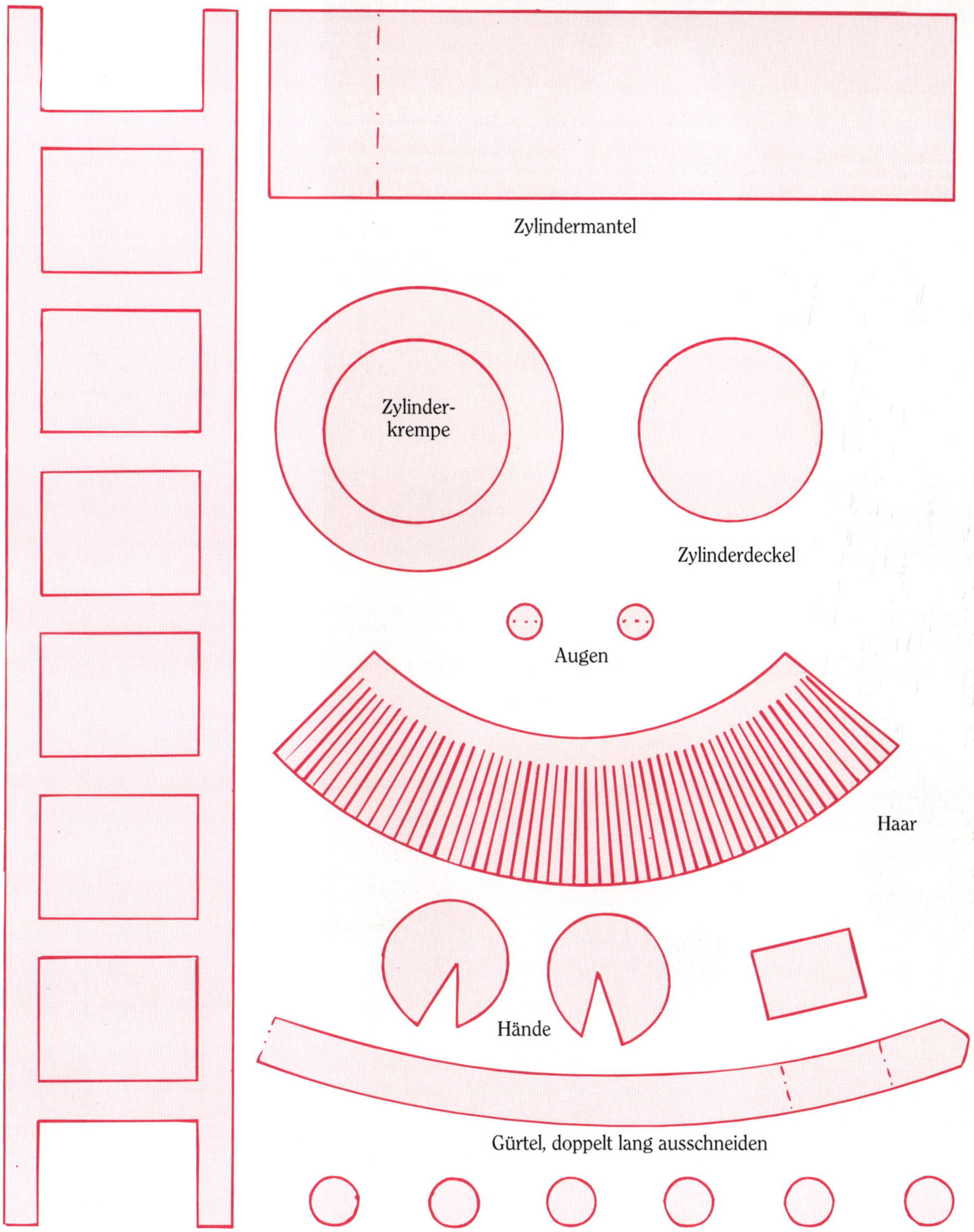

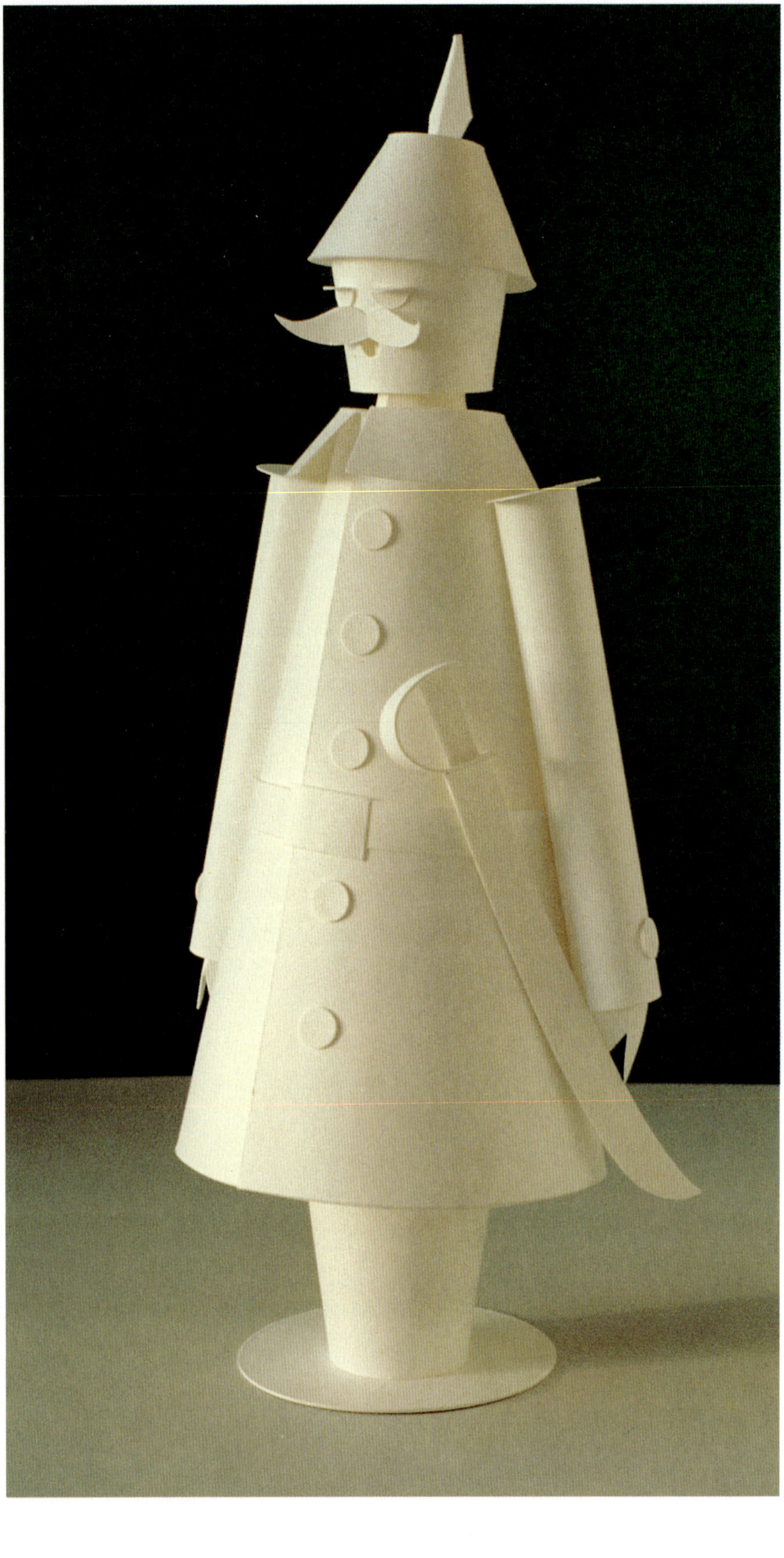

***Erzgebirgsfiguren Schutzmann***



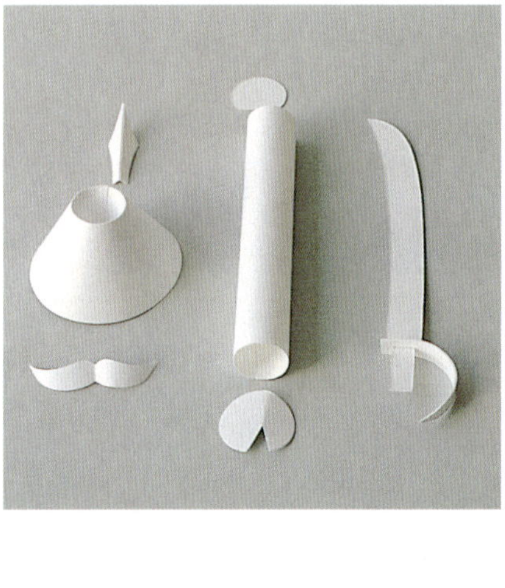

# *Detail-Vorlagen Schutzmann*

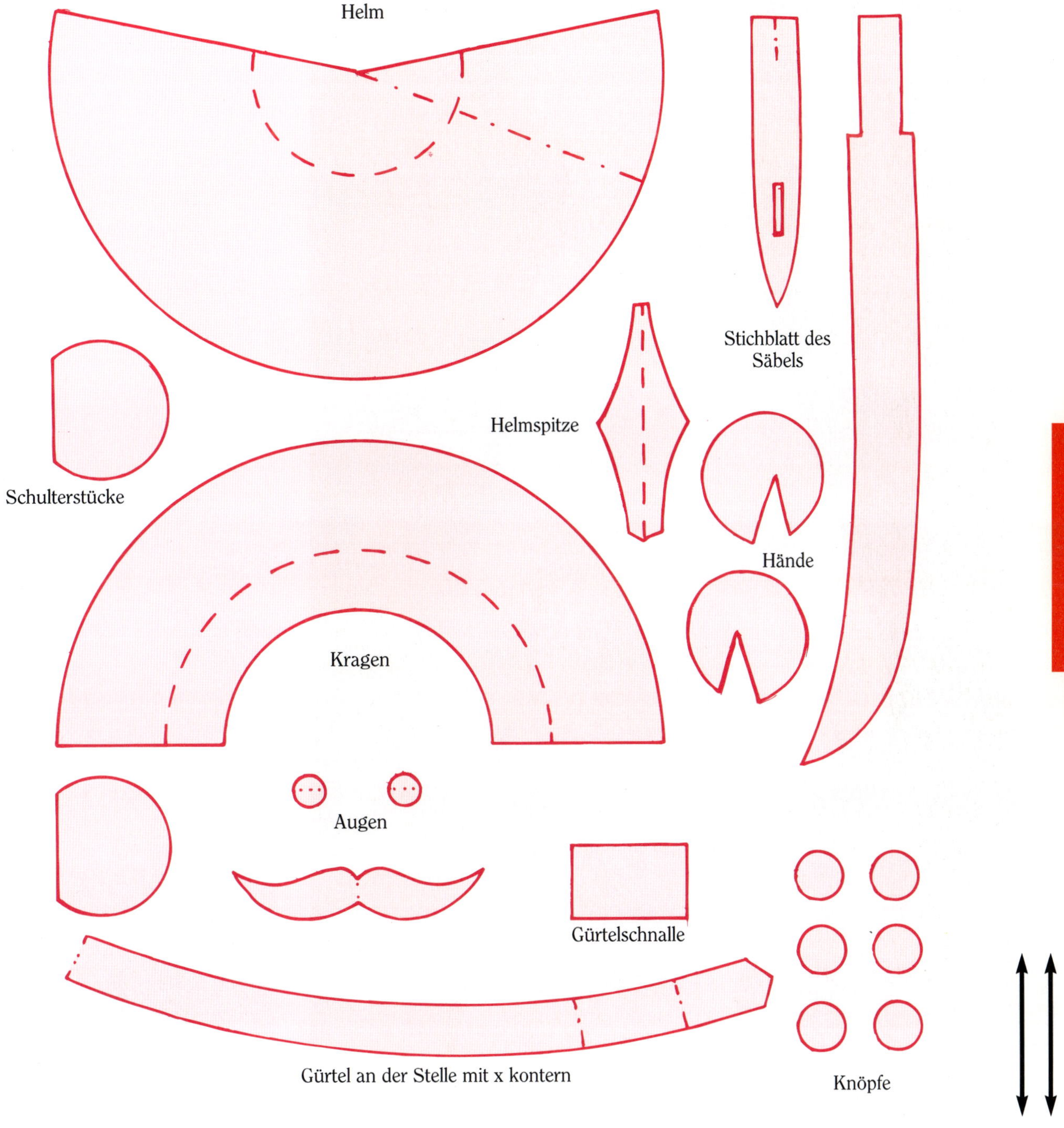

***Erzgebirgsfiguren***
***Jäger***

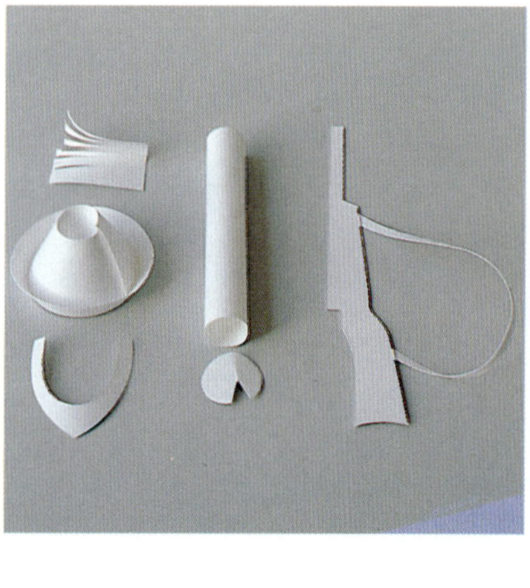

*Detail-Vorlagen Jäger*

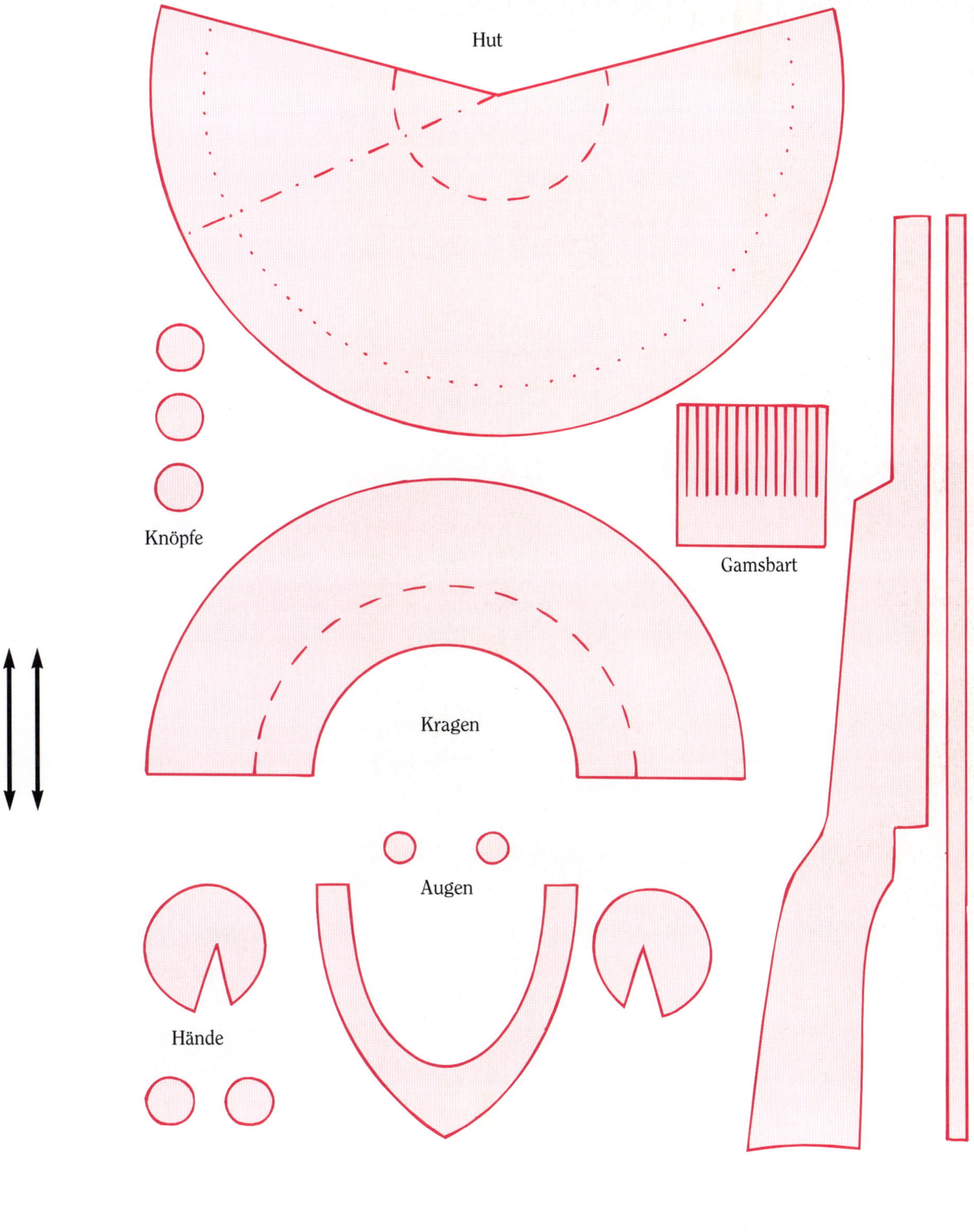

# Erzgebirgspyramide

56

**_MATERIAL_**

**_Starker Karton für alle Pyramidenteile._**
**_Mittelstarker Karton für den kegelförmigen Aufsatz am Flügelrad._**
**_Papier (120 g/m²) für die Figuren._**
**_Stricknadel (28 cm lang)._**
**_Pyramidenlager (aus dem Bastelgeschäft)._**

Der Grundaufbau dieser Pyramide, die entfernt an ein Erzgebirgshäuschen erinnert, besteht aus vier Teilen. Schneiden Sie diese Teile zuerst aus starkem Karton aus. Ritzen Sie die Falzlinien tief genug, ohne daß die Stabilität verloren geht. Die Breite der Schlitze in den Seitenteilen, durch die das Bodenteil geschoben wird, ist abhängig von der Materialstärke. Das Bodenteil soll fest darin sitzen.
Damit die Pyramide am Ende nicht schief oder verdreht dasteht, müssen die Seitenteile mit dem oberen Abschlußteil winkelgenau verklebt werden. Erst wenn die Klebestellen ausgehärtet sind, wird das Bodenteil eingeschoben und ebenfalls verklebt. Damit sich die Bodenplatte in den Seitenteilen nicht verschiebt, halten Sie sie von

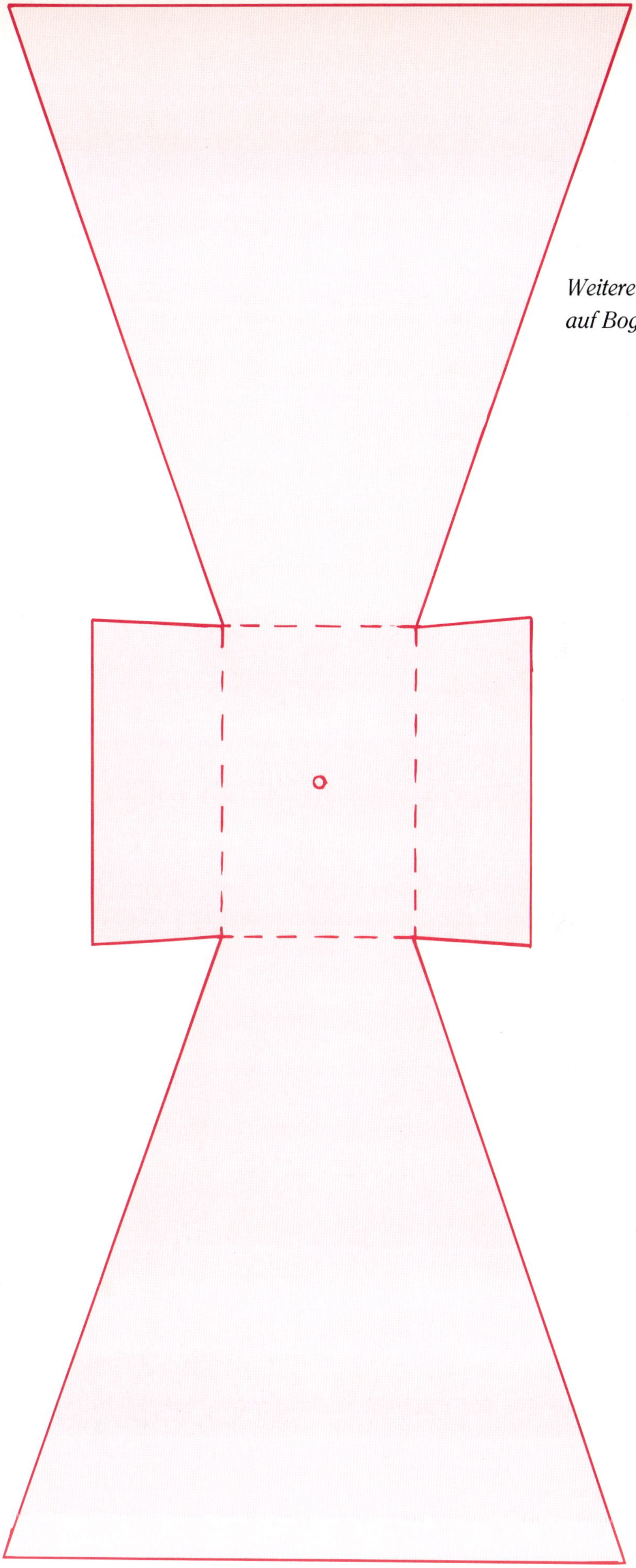

*Weitere Vorlagen auf Bogen Seite B*

unten mit vier Kartonstreifen, die Sie zu Winkeln gefalzt haben, in ihrer Position.
In der Mitte der oberen Abdeckung stechen Sie nun das Führungsloch für die Pyramidenachse. Senkrecht darunter wird auf der Bodenplatte das Lager festgeklebt. Dafür sollten Sie einen Alleskleber verwenden.
Der Drehteller, eine kreisrunde Scheibe aus doppelt verklebtem starkem Karton (550 $g/m^2$), wird im Mittelpunkt gelocht und straff auf eine Stricknadel geschoben.
Der Drehteller wird an der Stricknadel gut mit Alleskleber verklebt. Unter den Teller kleben Sie eine 1 cm dicke Korkscheibe, die zur unteren Stricknadelspitze einen Abstand von 1 cm haben sollte. Sehr wichtig ist, daß der Teller genau waagerecht ausgerichtet wird, damit er sich gleichmäßig dreht.

Die Herstellung des Flügelrades ist bei der Weihnachtspyramide (siehe Seite 60) beschrieben. Die Vorlagen für die Figuren Ihres Drehtellers erhalten Sie, indem Sie die Grundfigur (siehe Seiten) auf ein Drittel verkleinern, so daß Sie Figuren mit einer Höhe von etwa 80 mm erhalten. Wie ausführlich und detailgenau Sie diese Figuren gestalten, sei Ihrer Phantasie überlassen.

Für den Antrieb der Pyramide sollten Sie Teelichter verwenden, die in ausreichendem Abstand zum Drehteller aufgestellt werden. Lassen Sie die Teelichter niemals unbeaufsichtigt brennen, denn Ihre Erzgebirgspyramide besteht aus Papier! Wenn Sie einen Platz am Fenster über der aufsteigenden Heizungsluft wählen, wird sich Ihre Pyramide ebenfalls ständig drehen.

*Das Bild zeigt den Flügel von seiner Unterseite, um seinen Aufbau besser darzustellen.*

# Weihnachtspyramide



**MATERIAL**

***Starker Karton für alle Teile der Pyramide.***
***Mittelstarker Karton für das kegelförmige Teil am Flügelrad.***
***Papier (120 g/m²) für die Figuren.***
***Stricknadel (30 cm lang).***
***Pyramidenlager (aus dem Bastelgeschäft).***
***Trinkröhrchen aus Plastik.***

Der Grundaufbau dieser Tannenbaumpyramide besteht aus vier gleichen Segmenten. Durch den ausgeklügelten Zuschnitt und die Falzlinien erhält die Pyramide eine große Stabilität. Auch die schmalen, tannenförmig gezackten Seitenteile bekommen durch das Zusammenkleben die nötige Steifigkeit. Sollte der von Ihnen verwendete Karton nicht die erforderliche Dicke haben, können Sie zwischen die Holme eine zusätzliche dritte Schicht einkleben. Wichtig ist auch hier wieder, daß die zusammengeklebten Teile absolut deckungsgleich ausgeschnitten sind. In die Spitze, an der Stelle, wo die vier Segmente zusammentreffen, wird als Achslager ein 2 cm langes Stück eines Plastik-Trinkröhrchens eingeklebt. Vier gefalzte Kartonstreifen dienen als Sockelumleimer und verbessern die Standsicherheit. Kleben Sie genau in die Mitte des Sockels ein Pyramidenlager. Sollten Sie im Bastelgeschäft keines erhalten, tut es notfalls auch ein Pfennigstück, in das Sie eine leichte Vertiefung einhämmern. Zum Aufkleben des Lagers verwenden Sie Alleskleber.

Wie Sie den Drehteller herstellen, ist bei der Erzgebirgspyramide (siehe Seite 56) beschrieben. Für die Figuren, vor allem die Schafe, benötigen Sie Fingerspitzengefühl, da die Figuren nicht groß sein dürfen. Wenn Sie alle Teile sauber ausgeschnitten und sorgfältig geritzt haben, wird Ihnen die Formgebung keine Schwierigkeiten bereiten.

Das Wollkleid der Schafe, ein Papierstreifen mit eng gesetzten Einschnitten, wird vorsichtig über einer scharfen Kante zu Locken geringelt. Ein dichtes Vlies erhalten Sie, wenn Sie mehrere Papierstreifen unterschiedlicher Breite übereinanderkleben.

Die Figur des Schäfers besteht aus einem Kegel mit abgeschnittener

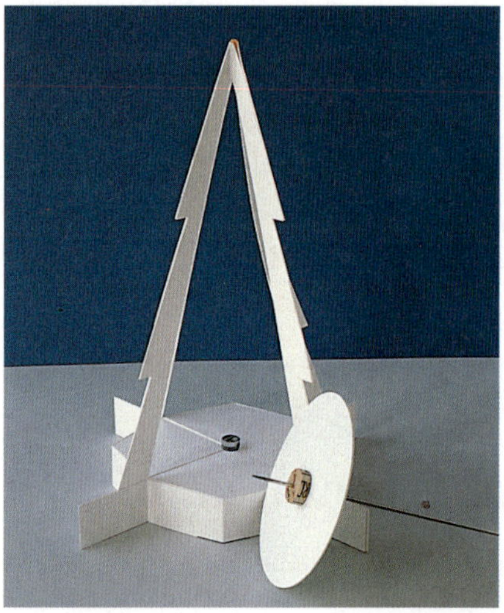

Spitze. Der Kegel wird oben eingedellt, um diese Öffnung zu verdecken. Ein aufgeschobener flacher Kartonring bildet die Krempe des Schäferhutes. Die Figur wird ergänzt durch einen langen, oben gebogenen Stab.

Als letztes Element Ihrer Weihnachtspyramide fehlt Ihnen nun noch das Flügelrad, das den Antrieb für den Drehteller darstellt. Es besteht aus zwölf Flügeln, die so auf eine Grundscheibe aufgeklebt werden, daß sich die Pyramide durch die aufsteigende warme Luft im Uhrzeigersinn dreht. Genau in der Mitte der Grundscheibe kleben Sie von unten eine schmale Korkscheibe fest, in die die Stricknadel eingesteckt wird. Zur besseren Führung erhält das Flügelrad an der Unterseite einen stumpfkegeligen Aufsatz, der die Korkscheibe verdeckt. Beim Anbringen des Kegels müssen Sie darauf achten, daß dieses Teil genau in der Mitte sitzt, um dem Flügelrad eine waagerechte Führung zu geben. Oben wird auf den Zusammenstoß der Flügel eine kleine Abdeckscheibe aufgeklebt. Nun schieben Sie die Stricknadel mit der Drehscheibe von unten durch das Achslager in der Spitze der Pyramide und stekken das Flügelrad von oben fest.



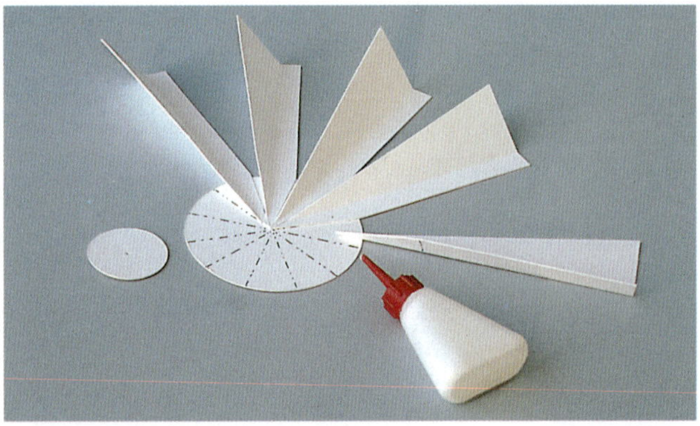

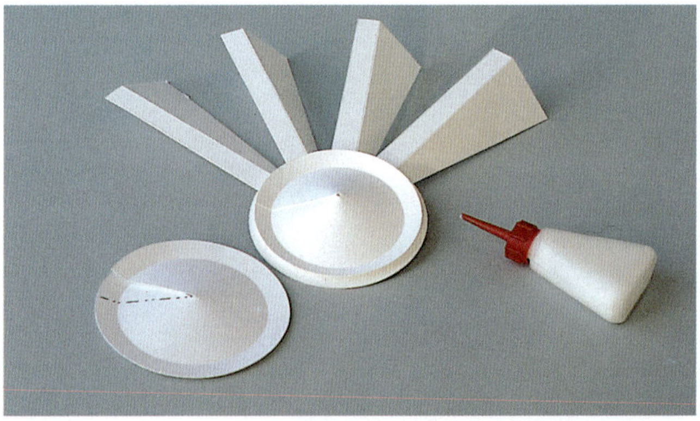

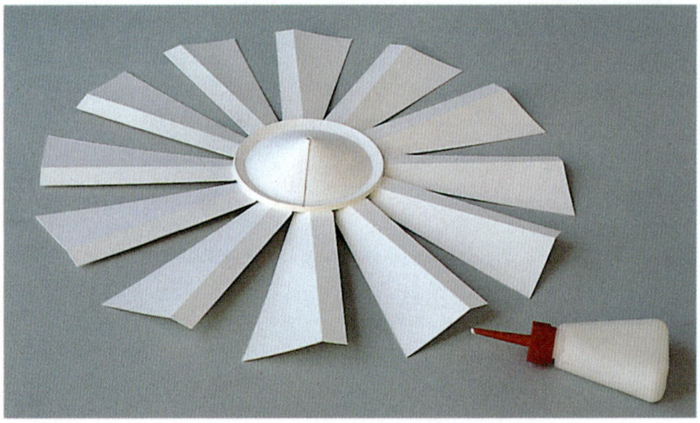